达·芬奇密码：

在数字维度
重生的文艺复兴

扫码解密

A艺术解密者维特拉

数字人为你揭开文艺复兴密码

六边形天才的实验室
体验全能天才的疯狂脑洞

画作解密：
从蒙娜丽莎到最后的晚餐
捕捉藏在颜料中的科学与诗意

手稿档案馆：未完成的梦想
触摸跨越时空的灵感火花

一场穿越时空的艺术与科技对话

画里有话系列

解密达·芬奇艺术密码

李星宇　曾庆颖　著

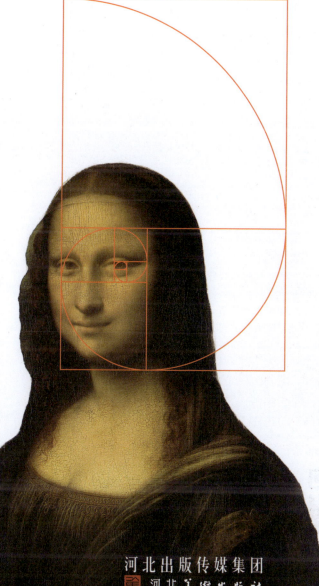

河北出版传媒集团

河北美术出版社

·石家庄·

图书在版编目（ＣＩＰ）数据

解密达·芬奇艺术密码 / 李星宇，曾庆颖著.
石家庄：河北美术出版社，2024.12. -- ISBN 978-7
-5718-3278-0

Ⅰ．K835.465.72

中国国家版本馆 CIP 数据核字第 20254L2U97 号

解密达·芬奇艺术密码
JIEMI DA FENQI YISHU MIMA

出 品 人：田　忠
策　　划：田　忠　张　静
责任编辑：杨　硕
助理编辑：李非非
特约编辑：杜若婷　董韶华
责任校对：李菁华
装帧设计：张　晴
出　　版：河北出版传媒集团　河北美术出版社
发　　行：河北美术出版社
地　　址：河北省石家庄市和平西路新文里8号
网　　址：www.hebms.com
制　　版：河北万卷印刷有限公司
印　　刷：河北万卷印刷有限公司
开　　本：710mm×1000mm　1/16
印　　张：10.25
字　　数：140千字
版　　次：2024年12月第1版
印　　次：2024年12月第1次印刷

定　　价：98.00元

质量服务承诺：如发现缺页、倒装等质量问题，可直接向本社调换。

揭开达·芬奇的神秘面纱

说起达·芬奇，你觉得他是什么样的人呢？

达·芬奇顶着私生子身份开局，先天劣势，让他无法继承家业，甚至没有办法在父母身边成长。那他的童年是怎样度过的呢？

那位曾经在他的童年隐形的父亲，牵着他的手，走向了他的一生之师——韦罗基奥。韦罗基奥相当欣赏达·芬奇，韦罗基奥曾经以达·芬奇为模特儿，打造了一尊大卫的雕塑。韦罗基奥亲自带着达·芬奇一点点练习"衣褶写生"，为达·芬奇的绘画创作打下坚实的基础。韦罗基奥更是允许达·芬奇作为辅助画师，与自己共同完成画作。韦罗基奥对达·芬奇的偏爱根本藏不住，但是后来因为达·芬奇，韦罗基奥宣布封笔，不再画画，这又是为什么？

达·芬奇离开老师后，好不容易受到米兰公爵的赏识，却不是因为他的画，他能进入米兰宫廷，也不是因为他担任了宫廷画师。不过还好，宫廷画师也不是他的第一志愿，你知道达·芬奇的理想职业是什么吗？

文艺复兴的两位巨匠——达·芬奇与米开朗基罗在相遇之后，他们是怎么评价对方的呢？会发生什么事情呢？

　　他们没能成就类似苏格拉底与柏拉图的师生美谈，也不曾感慨知音难觅，反倒是出现了一场正面对决，这又是怎么回事？

　　当然，说起达·芬奇，又怎么能不提到那幅《蒙娜丽莎》呢？无数秘密环绕着《蒙娜丽莎》。

　　丽莎是卢浮宫的大明星？

　　那抹标志性微笑下，到底隐藏了什么秘密？

　　丽莎曾经被偷，被砸，被泼油漆？

　　丽莎到底有没有眉毛？

　　……

　　达·芬奇从1503年开始创作这幅画，一直到他死前，他还在不断完善这幅画。达·芬奇追求着绝对的完美，但是他又有着严重的拖延症。你看：

　　《东方三博士拜圣婴》未完成。

　　《安吉里之战》未完成。

　　《蒙娜丽莎》未完成。

　　……

　　当然，达·芬奇拖延，并不代表达·芬奇懒惰。达·芬奇忙着探索胚胎发育的奥秘，人的身体结构，他忙着观察昆虫鸟类的飞翔，好奇植物的生长法则，他甚至在为建造一座水上城市做准备，……那么，达·芬奇为什么会涉猎这么多学科呢？

达·芬奇的身上似乎一直笼着一层神秘的面纱，如果你在阅读上面的文字时，对其中的问题产生了好奇，那可太好了，让我们一起带上满满的好奇心，跟随着达·芬奇的脚步，从他的出生地佛罗伦萨开始，穿梭于米兰、罗马和法国，探索达·芬奇生命中的每一段旅程和创作历程，看清楚这位大师面纱下的真容。

目录
CONTENTS

第一章 初到佛罗伦萨 凭借颜值出道的画家

✦ AI 艺术向导
✦ 天才实验室
✦ 画作解密课
✦ 手稿档案馆

⊞ 扫码揭秘 达·芬奇 艺术密码

第二章　辗转米兰公爵宫廷 乙方恶霸

第三章　游历意大利 进击的理想主义者

第四章 定居法国 终成六边形战士

第一章

初到佛罗伦萨
凭借颜值出道的画家

✦ AI 艺术向导
✦ 天才实验室
✦ 画作解密课
✦ 手稿档案馆

扫码揭秘 **达·芬奇** 艺术密码

1.1 私生子的不羁好奇心
"是个私生子又何妨？这可是个私生子的黄金时代呢！"

假如你穿越到历史上的欧洲，你想成为谁呢？你是想成为征战整个欧洲、杀伐决断的拿破仑，还是成为智慧过人的伯努利？还是说，你只想"躺平"，穿越过去，成为一名普通的贵族，每日过着舒适安逸的生活，就不虚此行了？

不论你想成为谁，可千万小心，别成为一名"贵族"的私生子。你看，假如你穿越到芬奇镇，又恰好成为一名"贵族"的私生子，根据规定，你没办法继承父亲的身份地位。那你该怎么过好这一生呢？

在历史上，真正拿到这个人生剧本的人就是列奥纳多·达·芬奇。这位被后人敬仰的绘画巨匠，就是在 1452 年，以一个私生子的身份出生了。达·芬奇是一名公证员的私生子，他没有机会子承父业，顺理成章地接任父职成为一名公证员。

曾有人将文艺复兴时期的意大利称为"私生子的黄金时代"，这种说法对于贵族来说不无道理。在一个贵族家庭中，一个人即便顶着私生子的身份，也不会影响他继承家庭财产，甚至也不会影响他参与正常的社交。只要他愿意，他能够以私生子的身份过上"躺平"的一生。但是，这一切的特权只存在于贵族家庭中，而对于达·芬奇来说，要面对的情况就恶劣多了。

这主要得怪达·芬奇的父亲皮耶罗，他还远远称不上是一名"贵族"，而是只能勉强被社会划入中产阶级的范畴。这可坏了，中产的社会对于私生子并没有那么宽容。

"私生子"这个称呼，不仅意味着达·芬奇难以被社会接受，也意味着达·芬奇不能子承父业成为一名公证员，他甚至被剥夺了进入拉丁文学校学习的权利。达·芬奇的"私生子"身份是有点尴尬的，没人管教他，也没人对他有什么指望。家人对达·芬奇的全部期许，也就是希望达·芬奇不要惹事，安安静静地健康长大。

正因如此，达·芬奇作为一个私生子，他成了一个自由自在的小孩。那对给予他尴尬身份的父母，并没有陪伴他长大，他童年大部分时间是与祖父母在一起的。当然，祖父母可以照顾他的生活，但是却没办法给他正确的教育引导。大概也是在这种任其"野蛮生长"的教养模式下，当小小的达·芬奇掌握了记笔记的技能时，没能得到父母的夸赞，也无人关心这有多厉害。这项记笔记的才能如果施展在皮耶罗的职场上，他大概会受到上司的喜爱。但是，很可惜这只是假设，皮耶罗没有随时随地记笔记的习惯，达·芬奇也没机会加入公证员行会。不过，这项才能也不是全无用处，至少在达·芬奇的艺术之路上，记笔记绝对起到了重要作用。

达·芬奇作为一个私生子，从他出生那天，就已经注定了他无法成为佛罗伦萨的公证员，也无法接受正统教育。经院哲学、经典典籍、中世纪的教条都没能将达·芬奇留在室内，这些对于他来说，都很无聊。不过还好，对于没能接受正统教育的达·芬奇来说，他反而有更多时间去做其他事情。流水的波纹、飞鸟扇动的翅膀都更有趣，这些吸引着达·芬奇走向自然，感受自然的力量。

达·芬奇从小就是一个安静到有些怪异的小孩，他从来没成为过"别人家的小孩"，甚至他都不怎么愿意待在家里。这或许可以归罪于他尴尬的家庭关系，这个私生子的身份给他带来的束缚，让他不愿意宅在家中。但是，如果你问他本人，他或许会告诉你，他不愿意在家中多待，只是因为大自然的一切更有吸引力。

河里的漩涡是怎么形成的？

为什么石头掉入水中能引起一道道涟漪？

鳄鱼的爪子到底长什么模样？

鹅的脚掌究竟是张开还是并拢的？

……

这些问题，都是达·芬奇的脚迈向山川河流的瞬间，在他的大脑中迸发而出的。紧接着，达·芬奇拿出笔，将这些问题记录下来，然后他用一生的时间去探索这些问题的答案。

有一次，达·芬奇来到了一个从未到达的山洞口，面对一片漆黑，他心中同时产生了害怕与好奇这两种感受。当然，达·芬奇最终的选择是走进去一探究竟，当他真的走进去，细细打量这个山洞的时候，他看到了这个山洞壁上面的鲸鱼化石。如果达·芬奇是一名生物学家，或者是一名地理学家，可能会沉浸在大自然赐予的知识宝库中快乐不已，但达·芬奇的感受并非快乐。达·芬奇此刻看到那些鲸鱼化石，自己的思绪随着鲸鱼一起飘远，似乎在此刻达·芬奇透过鲸鱼化石看到了曾经的波涛汹涌，却在某一个灾难般的日子而干涸，万物生命皆终结于此……

正当达·芬奇沉迷于大自然的神奇与玄幻时，他的父亲出手了，他亲自带着达·芬奇走出了芬奇小镇，走向达·芬奇的"绘画引路人"——安德烈·德尔·韦罗基奥。

在达·芬奇的童年时期，他的父亲只有他一个儿子。因此，尽管达·芬奇是一名私生子，但是他的父亲还是相当重视他的，他的父亲愿意尽可能地为他提供发展机会。虽然达·芬奇的公证员父亲没办法将他送去法院就职，但是达·芬奇的父亲看到了他的艺术造诣，把年仅 14 岁的达·芬奇带到了佛罗伦萨。

15 世纪的佛罗伦萨像是一位慷慨的艺术母亲，她张开双臂，欢迎着每一位艺术家在这里挥洒创造力。而达·芬奇也在父亲的引荐下，走进了这座艺术之都，走到韦罗基奥的面前。自此，达·芬奇成了一名小小的学徒，正式敲开了艺术殿堂的大门。

见此图标 微信扫码 开启一场穿越时空的艺术与科技对话

1.2 模仿更是超越

"有人模仿我的脸，还有人模仿我的画……不，他竟然超越了我。"

达·芬奇是个天才吗？答案应该是毫无疑问的，他当然是一个天才！那么，这位天才的老师是怎样的呢？

韦罗基奥的才能来源于勤学苦练，而非天赋。

这句话很像是韦罗基奥的人生注解，无论是韦罗基奥的画作、雕塑作品，还是他的其他艺术作品，都被人评价：匠气十足。

这真的是一句批评吗？看起来似乎是的，从那些留存下来的作品看，那些作品都缺乏灵气的注入。"匠气"一词真是名副其实。但是换个角度来看，"匠"这个字，意味着韦罗基奥曾经勤奋练习，这才完成了这些作品。

没有人可以无视这份勤奋。毕竟，韦罗基奥这种常年坚持下来的努力可不是一般人能做到的。对于一名画家来说，勤奋是必不可少的品质。唯有勤奋，才能出精品，才能具备"匠人精神"。

纵观艺术史，笔耕不辍的画家还是少数，靠着天赋站稳脚跟的人更多。很多画家是有灵感时拿起画笔，没有灵感就休息数月。事实上，历史上也没有几个人可以在 10 年画完两万幅画作的（梵高除外）。

况且，韦罗基奥也不是一个无感情的艺术品生产机器，他的作品也在艺术史上画上了浓墨重彩的一笔（虽然他最大的成就是成就了达·芬奇）。

▶图 1-1 大卫 雕塑 高 126 cm
约 1466—1469 年
安德里亚·德尔·韦罗基奥
意大利佛罗伦萨 巴杰罗国家博物馆

当你走进艺术展览馆，韦罗基奥的雕塑作品《大卫》（如图 1-1 所示），一定会吸引你的目光。

▶图 1-2 大卫 雕塑 高 517cm 约 1501—1504 年 米开朗基罗 意大利 佛罗伦萨美术学院

这座雕塑大约 4 英尺高，也就是一米二左右。这座雕塑是一个胜利的少年，他英勇威武地站在巨人歌利亚的头颅之后。韦罗基奥的《大卫》雕塑中，关注了对血管、肌肉、骨骼的刻画，他想要将人体的真实状态如实刻画。毫无疑问，只有对于解剖学有所研究，才能完成这一雕塑。

韦罗基奥的确对此颇为上心，他对于动态肌肉的刻画异常精准，准确地雕塑出连接大卫左前臂和肘部的肌肉走向，他还特别注意了手部姿势的扭曲度。达·芬奇后来将大量精力投注于解剖学，他也想在静态的作品中展现出动态的美感，想来也是受到了韦罗基奥的影响。

当然了，要说起《大卫》，就不得不提到"文艺复兴三杰"之一的米开朗基罗了。米开朗基罗的《大卫》（如图 1-2 所示）塑造的是一个成年的大卫，肌肉健硕，线条分明。而韦罗基奥的《大卫》则是一个少年版本，更加英气勃发，少年感十足。

另外值得一提的是，韦罗基奥塑造的《大卫》，是一个有着一头卷发的少年。少年的大卫头顶着一个个华丽的"螺旋"，这是韦罗基奥的《大卫》的专属造型，转动的"螺旋"为这座雕像增添了灵动与生命力。达·芬奇是一个善于学习的好学生，他向老师学习，于是这种华丽的"螺旋"后来也多次出现在达·芬奇的作品中。

韦罗基奥对达·芬奇的影响，远超绘画领域。

1471 年，韦罗基奥接下一项委托：将一个重达两吨的铜球放到百花大教堂的穹顶之上。当这个铜球顺利被放置于穹顶之上时，教堂中瞬间爆发出激烈的掌声与欢呼声。而此刻站在教堂后台的达·芬奇没有一同欢呼，眼前的画面让达·芬奇感到震惊，他目不转睛地盯着铜球。在这一瞬间，达·芬奇的眼神中迸发出光彩，他对光学与几何学的热爱被正式点燃了。

这一幕深深震撼了达·芬奇，他曾反复在自己的笔记中提及当时的场景。达·芬奇在这件事过去 40 多年后，当他在罗马研究如何应用巨型的凹面镜时，他困惑于是否应该将光和热转换为武器，他第一时间回忆起了铜球焊接的这一幕。即便这件事情已经过去了几十年，达·芬奇对这一画面记忆犹新。

当然，达·芬奇的绘画风格深受韦罗基奥的影响。

翻开达·芬奇《戴头盔的武士》（如图 1-3 所示），不难看出，这幅画作受到了他的恩师影响。在这幅画作中，人物笔挺地站着，武士头盔上有逼真的鸟翅膀，武士胸前铠甲处印着雄壮的狮子。要知道，人与动物元素的结合是韦罗基奥惯用的构图方式，达·芬奇将此学了去。

达·芬奇在《戴头盔的武士》中，还尝试运用繁复的阴影线勾勒人物的面庞。下垂的嘴角，阴险的鹰钩鼻，异常饱满的下巴，这名武士的表情甚至夸张得有点可笑，好像是动漫中的大反派。不过，韦罗基奥倒是很欣赏达·芬奇的这种画法，因为他也曾经画过类似的人物特写，通常情况下，人不会讨厌自己的追随者。

如果让韦罗基奥自己评选一个最佳学生，这个荣誉必然会落在达·芬奇的头上。达·芬奇继承了韦罗基奥的才能，同时这个学生实现了对韦罗基奥的全面超越。

韦罗基奥对达·芬奇的影响是全方位的，韦罗基奥的一些绘画习惯，甚至是一些生活习惯也影响了达·芬奇。比如，韦罗基奥拖延的毛病也被达·芬奇学了个十成十，达·芬奇还青出于蓝而胜于蓝，日后成长为一名"乙方恶霸"。

▶图1-3 戴头盔的武士 肖像画 28.7cm x 21.1cm 15世纪70年代 达·芬奇 英国伦敦 大英博物馆

1.3 天才初登场：《托比亚斯与天使》

"谢天谢地，是达·芬奇解救了那只呆板线条小狗。"

韦罗基奥喜欢在静态的艺术作品上呈现出动态的画面，他也希望学生们掌握这项技能。于是，学生在韦罗基奥的工坊经常进行衣褶写生的练习活动。

这种衣褶写生中的"衣褶"就是用蘸过石灰水的软布覆盖在人物的黏土模型上面所形成的褶皱，"写生"即画者用黑白两色在画布上将衣褶变化细细画出。这是一项不容易的练习，需要画者熟

▶ 图 1-4 人像腿部的衣褶 素描 26.6cm x 23.3cm 15 世纪 70 年代 达·芬奇 法国巴黎 卢浮宫

练掌握光线与阴影的细微变化，掌握绘画的技巧，才能呈现出好的效果（如图 1-4 所示）。这种衣褶写生虽然困难，却能很快地培养出合格的画师。练习者只要在二维的画布上反复练习，就能准确地呈现出三维的光影效果。达·芬奇在跟随韦罗基奥学习绘画技巧时，学习了这种呈现光影的能力。

当然啦，这种绘画方法对于现在的画家们甚至是绘画爱好者来说，都不算是什么新鲜的手法，不就是明暗法嘛！不过，对于达·芬奇所在的年代，这就是一种相当特别的绘画技巧了。

除了明暗法这种运用光线和阴影对比在画作中塑造立体效果的方法，达·芬奇还跟着韦罗基奥学会了另一种画法。

阴影和光线像烟雾一般，没有具体的轮廓与界限，慢慢消失在空气中。这种听起来颇为空灵的"烟雾法"，也是达·芬奇在进行衣褶写生时，从练习的过程中慢慢悟到的。达·芬奇画丽莎那抹神秘的笑容时，将这种柔和与朦胧发挥到了极致。这一切都多亏了韦罗基奥，这才打造出达·芬奇的"流量大作"——《蒙娜丽莎》。

衣褶写生练习中，那些蘸过石灰水的纱布经过太阳光线的照射，有时候会制造出亮晶晶的光泽感，这种光泽感会与褶皱的阴影产生强烈的对比。达·芬奇在绘制时，注意到了水光带来的阴影反光。达·芬奇开始根据明暗变化不断调整颜料，最终达到完美的效果。达·芬奇在学会这种画法后不久，就尝试着在画作中进行呈现。

终于，达·芬奇给他的老师带来了一个巨大的惊喜。

说起来这次惊喜，就不得不说韦罗基奥对于达·芬奇的偏爱。韦罗基奥向来秉持着"颜值即正义"的高标准选拔合作人，谁不喜欢漂亮的脸庞呢？当《托比亚斯与天使》这个画作需要一个辅助画师的时候，"颜控"韦罗基奥立马选择了达·芬奇，哪怕这位美少年才刚刚成为正式画师。

托比亚斯算是佛罗伦萨的一个热门 IP，当时许多画家热衷于将这个故事呈现在画布上。其中韦罗基奥与安东尼奥·波拉约洛的《托比亚斯与天使》最为出名。

▶图 1-5 托比亚斯与天使 安东尼奥·波拉约洛

▶图 1-6 托比亚斯与天使 蛋彩画 66cm x 84cm 1480 年
韦罗基奥 英国伦敦 国家画廊

从图片中不难看出，这两幅画作的内容几乎一模一样：画面的背景是一条蜿蜒的河流从一片荒芜的草丛中穿过，托比亚斯与天使拉斐尔携手同行，托比亚斯手中拎着一条鲤鱼。天使拉斐尔手中拿着装着鱼内脏的小罐子，一条小猎犬在他身旁奔跑。

哪怕是一个外行，一看这两幅画也能一言道出其中差异："左边这幅看起来相当僵硬，动作不好看（如图 1-5 所示）。右边这幅看起来就好多了，看着自然舒服，也更逼真（如图 1-6 所示）。"

为什么会有这种差异呢？韦罗基奥是一个既会雕刻又会绘画的多面手。雕塑是一项塑造三维状态的活动，绘画则是二维平面的工作，韦罗基奥擅长将三维的动作"生成"到纸面上。一个人在行走的时候，肌肉应该有怎样的变化？他的动作会不会将背后的披风一同带动，甚至那个披风会不会上下翻飞？两个人之间会不会有眼神的交流？这背后又隐藏了怎样的情绪？韦罗基奥的脑海中盘旋着许多疑问，这些疑问引导着韦罗基奥，一步步完善了这幅画作中人物的动作与神情。

话说回来，仅有韦罗基奥的创作，想要战胜安东尼奥·波拉约洛也肯定是没问题的。毕竟两幅画一对比，韦罗基奥笔下人物的动作更加生动自然，一看就更舒服。但是如果这幅画想要跻身"世界名画"的行列，恐怕还是不行的。这幅画没什么特色呀！幸好，韦罗基奥的美少年合作人出手帮了他一把。

韦罗基奥可是忙坏了，他将全部的精力都投注于托比亚斯与天使拉斐尔的创作。至于那些背景和小动物，不是还有助手吗？

于是，年轻帅气的达·芬奇带着颜料包上场，立马开始为这幅画的"飞升"做准备。达·芬奇负责的部分，就是韦罗基奥无暇顾及的那条鱼和小狗。

达·芬奇在衣褶写生练习中知晓了光线的魔法，他以画笔做魔法棒，将自己的魔力施展在托比亚斯手中拿着的鱼上。这幅画的光源是左上角的太阳，于是这条鲤鱼的鳞片在太阳的照射下，折射出不同的光影效果。达·芬奇笔下托比亚斯手中的鱼活灵活现，鱼鳞闪烁不同的光芒，颇具层次感。

对比左右两幅画作中小猎犬，也能分出高下。

毫无疑问，安东尼奥·波拉约洛的画作中，需要一条小猎犬，于是安东尼奥·波拉约洛将它画下来了（如图 1-7 所示）。小猎犬的存在，只是场景需要，它不过是一条"工具狗"罢了。

相较于安东尼奥·波拉约洛画出的"呆板线条小狗"，达·芬奇则赋予了这条小猎犬生机（如图 1-8 所示）。达·芬奇笔下灵活奔跑的小狗，有着卷曲又富有光泽的毛发，它用警觉的小眼神观察周围。画中这条小狗的形象与生活中被精心照顾的宠物狗一般无二，可爱又富有生命力。

　　作为一位刚出道的画师，达·芬奇不仅灵活运用了老师教导的绘画技巧，还凭借自己的感悟力，创造性地在画作中添加了自己对画作的理解，让这幅画大放异彩。这样的达·芬奇，谁不得夸一声"天才"呢？

▶图1-7 托比亚斯与天使 安东尼奥·波拉约洛 局部图

▶图1-8 托比亚斯与天使 韦罗基奥 局部图

见此图标微信扫码—开启一场穿越时空的艺术与科技对话

1.4 与老师同台竞争

"配角又怎样呢？嗯，反正也能吸引所有人的目光呀！"

如果说以前那幅《托比亚斯与天使》中蹦蹦跳跳的小狗与鳞光闪闪的鱼只是让达·芬奇崭露头角，让韦罗基奥看到了他的可塑性，那这幅师徒合作绘制的《基督受洗》则是让达·芬奇实现了对老师的全面超越。

1472 年，达·芬奇的老师韦罗基奥接到了一份委托，圣萨尔宾诺教堂想让他的工坊绘制一幅《基督受洗》。彼时的韦罗基奥还不知道，正是这幅画作将成为他的封笔之作。

《基督受洗》这幅画作讲的就是约翰给耶稣施洗，在耶稣受洗的一瞬间，天空豁然开朗，有一鸽子形状的圣灵显现在被开启的天空中。在这幅《基督受洗》中，达·芬奇绘制了画作风景背景和左边小天使两个部分（如图 1-9 所示）。

于是，在《基督受洗》这一幅画中，呈现出了两种绘画风格。一种就是宛如雕

▶图 1-9 《基督受洗》中达·芬奇绘制部分

刻家一般，每个细节都仔细刻画。另一种则是关注光线如何对人像发挥作用，关注光线如何对背景产生作用。前者如雕塑家一样的风格，当然是由达·芬奇的老师韦罗基奥创作而出的，而另一种风格则是由达·芬奇打造的。

早期绘画中，风景的绘制是被诸多画家所忽视的，像与达·芬奇同时期的米开朗基罗，他就对风景的打造，表现得不屑一顾。但是年仅 19 岁的达·芬奇不仅仅

关注背景创作，更利用空气透视法，画出非常有空气感的背景，一下子烘托出了独特的氛围感。

画作左下角有两个小天使，左边的小天使是达·芬奇画的，右边的则是韦罗基奥绘制的。将两个天使放大，我们可以更加直观地比较达·芬奇与韦罗基奥的风格差异。单独来看韦罗基奥所创作的小天使，也是杰出的艺术品，但是当两个天使站在一起，韦罗基奥所创作的天使秒变陪衬者（如图1-10所示）。

▶图1-10 基督受洗 局部图

▶图 1-11 基督受洗 板面油画 177 cm × 151 cm 1472—1475 年 韦罗基奥 意大利佛罗伦萨 乌菲兹美术馆

此时，达·芬奇的绘画技巧比老师更成熟，在这幅《基督受洗》之中（如图 1-11 所示），达·芬奇的小天使看起来更加自然，韦罗基奥的小天使则显得相当笨拙（如图 1-12 所示）。年轻的达·芬奇没有因循守旧，他突破性地在颜料中以油作为调和剂，实现丹培拉和油彩的结合创作。达·芬奇利用丹培拉和油彩的结合创作，呈现出的小天使特别的自然、特别的圆融，体积感也更强一点。画作表面染着红颜色，暗面染着绿颜色，这两种颜色是达·芬奇用油彩染完之后，

▶图 1-12 基督受洗 韦罗基奥 局部图

再用手擦拭的。达·芬奇的油画几乎不会被错认，就是因为即便是达·芬奇的有些画在鉴定方面出现了问题，人们也可以直接通过画作上是否留有达·芬奇的指纹进行判断（如图 1-13 所示），可谓达·芬奇的独家密码了。

▶图 1-13 达·芬奇画中的指纹

达·芬奇用超薄的油彩，绝妙的技法，配合他独特的观察力和想象力，完成了他的任务，将这幅画带入了一个完全不同的境界（如图 1-14 所示）。他用画笔重新定义了一位画家该如何传达他所看到的世界。

这幅画作给韦罗基奥的冲击是巨大的，韦罗基奥看到画作之后自愧不如，直接封笔，再也不接绘画订单了，达·芬奇自此声名鹊起，成为佛罗伦萨有名的画家。

▶图 1-14 基督受洗 韦罗基奥 局部图

▶托比亚斯与天使 蛋彩画 66cm x 84cm 1480 年 韦罗基奥 英国伦敦 国家画廊

1.5 《持康乃馨的圣母》
"康乃馨的花语：伟大、圣洁、仁慈的母亲。"

达·芬奇在小试牛刀后，就开始在韦罗基奥的工坊中独立完成整幅画作了。《持康乃馨的圣母》就是由达·芬奇独立创作完成的（如图 1-15 所示）。

▶图 1-15 持康乃馨的圣母 约 1473 年 62cm x 47.5cm 德国 慕尼黑老绘画陈列馆

这幅画的色彩是相当丰富的，玛利亚身穿暗蓝色的衣服，里面则是红袖长裙，胸前别着胸针，身后披着金色的斗篷。圣母的一只手扶着圣子，另一只手则拿着康乃馨。圣母的脸是苍白的，她金黄的卷发垂在脑后，双眼看向下方。当然，尽管画作颜色丰富，但是观者却感觉不到杂乱。

圣母的风格是属于韦罗基奥工坊，而非达·芬奇本人的。

毫无疑问，看到这幅画时，观画者的视线会被康乃馨所吸引，这不仅仅是因为红色的康乃馨十分显眼，更是因为康乃馨本身就传递着母爱（如图 1-16 所示）。现在的母亲节，人们往往会选择将康乃馨作为自己的节日礼物送给母亲。似乎朵朵康乃馨可以作为自己的传声筒，表达出自己对母亲的深情。康乃馨能有如此特殊的地位，也是因为康乃馨有一个相当动人的传说。传说中，圣母玛利亚看到耶稣受难时，忍不住流下了悲伤的泪水，而泪水流下的位置就生长出康乃馨，从此之后康乃馨就成为母爱代名词。

▶图 1-16 持康乃馨的圣母 局部图

回到这幅画中，即便耶稣还是一个刚刚出生的婴儿，他仍然对母亲拿着的递过来的这枝康乃馨产生了情感反应（如图1-17所示）。婴儿肉嘟嘟的胳膊所做出的动作，与他脸上的表情是紧密相连的。在这幅画中，圣母玛利亚一只手拿着康乃馨，耶稣想要伸手去碰那朵康乃馨，除了为这幅画增添了动感之外，这似乎也增添了一层隐喻。耶稣最终难以逃脱未来的悲惨遭遇，圣母玛利亚最终必然会为了她的孩子落泪，这一切都是不可避免的。

▶图 1-17 持康乃馨的圣母局部图

达·芬奇很巧妙地将这种必然性，借由康乃馨传达给他的观众。如果观众只是看到了康乃馨，没有产生什么联想，那么这幅画的内在逻辑也是完全说得通的。如果观众借由康乃馨感受到了这层隐喻，意识到这种难以避免的悲剧发展，那么观众的情绪必然会受到更大的冲击，这幅画能给观众带来更多的审美趣味。

▶图 1-18 持康乃馨的圣母
局部图

当然，婴儿耶稣是这幅画的另外一个焦点所在（如图 1-18 所示）。这个婴儿长得胖嘟嘟的，与人们在真实生活中见到的婴儿一样。婴儿身上有褶皱，这可是达·芬奇利用明暗、色彩进行调整后打造出的神奇光影效果，最终塑造出逼真的立体感。达·芬奇在这幅画上努力调整光影效果，已经超越了早期的衣褶法，他采用明暗法增强颜色的对比。

与同时代的其他画师不同，达·芬奇不再通过加深颜色的方式改变图画中的明暗对比。达·芬奇遥遥领先，他已经开始尝试往颜料中增加黑色，以调节画面的亮度与色调。也正是达·芬奇的努力，让画中的小耶稣看起来活灵活现，肉嘟嘟十分可爱，像是一个雕塑一般，丰润圆满。

将婴儿的手肘处和圣母的手肘处对比，可以清晰地发现，婴儿的手肘看起来更加圆润，婴儿的关节处相当纤细，几乎看不见骨骼的存在，婴儿的筋肉就好像是绳索一般，将两边的肉连在一起。达·芬奇的绘画已经开始受到解剖学的影响，达·芬奇关于人物的描绘已经不再止步于对皮肉的感触，而是深入肌理。

这幅画的窗户之外的风景是达·芬奇想象力的成果（如图 1-19 所示）。所以，窗户之外那些参差不齐的岩石不是真实的场景，而是完全来自达·芬奇的想象力，但是达·芬奇为这份想象力增添了朦胧的空气感，也正是这份朦胧的空气感，反而为这幅画增添了一份真实的效果。

▶图 1-19 持康乃馨的圣母 局部图

▶ 图 1-20 天使报喜 油画 98cm x 217cm 约 1472 年 达·芬奇 意大利佛罗伦萨 乌菲兹美术馆

1.6 出"新手村"的试验

"不好看？有没有可能，这只是一次试验罢了。"

一提起达·芬奇，人们脑海中立马可以想到那些优秀的杰作，没有人可以否认，达·芬奇是一个绘画业务水平相当优秀的大师。

尽管青年时的达·芬奇年纪尚轻，就已经在《托比亚斯与天使》和《基督受洗》这两幅画作中展现出了惊人的天赋，但是，当达·芬奇走出韦罗基奥的工坊后，他也就是一个刚刚走出"新手村"的小白，眼神当中还闪烁着清澈与单纯。

于是，当达·芬奇带着自己的艺术理念作画，即使自己的绘画技术还不够纯熟时他就留下了令世人难以评价的作品，这就是《天使报喜》（如图1-20所示）。

《天使报喜》是达·芬奇早期的画作，他的绘画技巧尚不成熟是可以理解的，这幅画存在一定的短板也是可以被原谅的，但是这幅画的口碑的两极分化，未免也差得太多了。

当然，之所以这幅画有很多人不理解，是因为这幅画的瑕疵根本藏不住呀！

达·芬奇凭借流畅的笔触，拯救了《托比亚斯与天使》中的小狗，避免其成为一只"呆板线条小狗"的命运，这几乎天才般的创作让人啧啧称叹。但是，达·芬奇不久后完成的《天使报喜》则处处带着僵硬与不适感，让人挠头。

放大这幅画，不难看出花园围墙看起来相当笨重奇怪，视角过高，甚至有点喧宾夺主的意味，即便拿它与同一幅画中的房子对比，也显得它过于奇怪。

当然，这个花园围墙要是跟这里面的人物相比较，简直不值一提。

天哪！这幅画中的玛利亚是有三条腿吗？（如图1-21所示）

不确定，再看看。

哦，原来是衣服遮住了一部分椅子扶手，恰巧与椅子平行才会有这种视觉误差。不对呀，很少有画作会给人这么奇怪的错觉吧，到底是哪里不对呢？聚焦细节，原

▶图 1-21 天使报喜 局部图

来是玛利亚的姿势太僵硬了，就像是一个假人一样。这幅画中的玛利亚还面无表情，看起来像是一个人体模特儿，毫无生气。玛利亚的表情动作看着别扭，椅子扶手的处理方式也有点奇怪，这时候椅子扶手可以"装成"她的第三条腿似乎也不意外了。

继续细看这幅画，将焦点放在玛利亚的身上，你还可以发现这幅画中的不合理之处。对，放大，放大，再放大（如图 1-22 所示），没错，就是这里！

这个诵经台是不是距离玛利亚太远了？这个诵经台怎么也应该距离玛利亚几英尺远吧，玛利亚的手臂这么长吗？难道是达·芬奇给玛利亚"手动修图"了？

▶图 1-22 天使报喜
局部图

其实，这幅画之所以会出现这么匪夷所思的效果，是因为达·芬奇在进行新尝试。达·芬奇开始探寻光影奥秘，他想在这幅画中呈现出透视感。至于这次尝试的效果嘛，你也看到了，就只能说下次继续努力吧。

　　《天使报喜》现在保存在乌菲兹美术馆中，美术馆的"参观指南"上也为这幅画作了说明。"参观指南"上特别提醒游客，参观时需要调整观看角度，才能感受达·芬奇所进行的透视尝试。当然，在参观者重新调整观看的角度后，那些视觉上的怪异感会减轻。但是总体而言，这幅画作怎么也谈不上是一幅完美之作（如图1-23所示）。

　　这也是达·芬奇对于透视的初次尝试，存在一定的纰漏也是正常的。当时的达·芬奇乐于不断尝试新鲜事物，不断进行试验，探索本身就是一种进步。中年的达·芬奇绘画技艺纯熟，他可以游刃有余地运用透视等光学技巧，这些都与他年轻时的一次次尝试分不开。况且这幅画中达·芬奇对于加百列的刻画，对于光影的处理，还是可圈可点的。这幅画作为达·芬奇走出"新手村"的作品，也算得上是拿得出手的了。

▶图1-23 天使报喜 局部图

 见此图标微信扫码 ← 开启一场穿越时空的艺术与科技对话

1.7 光与影的魔法师

"站在巨人的肩膀上，可以看得更远些……看不远的话，大概因为巨人竟是我自己吧。"

达·芬奇在《基督受洗》中创作的小天使，直接给韦罗基奥一个大震撼。从此，韦罗基奥封笔不画，他退出画坛，专心雕刻。

由此可知，达·芬奇的画做到了突破与超越，可不是简单的模仿与重复。达·芬奇在这场演出中，完成了从配角到主角的华丽转身，展现了自己的绝对实力。

从那之后，达·芬奇仿佛参悟到光与影的奥秘，化身光与影的魔法师。在自己独立完成的几个作品中，达·芬奇将这种魔法施展在画布上，其中代

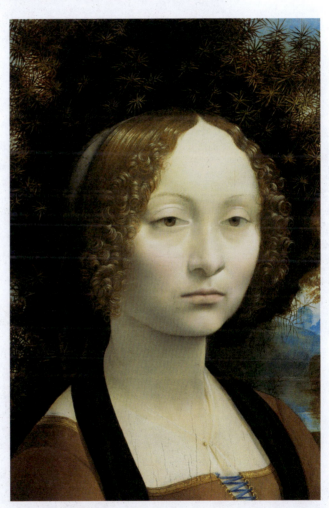

图 1-24 吉内薇拉·德·本奇 油画 42cm x 37cm 约 1478 年 达·芬奇 美国华盛顿 美国国家美术馆

表作就是《吉内薇拉·德·本奇》（如图 1-24 所示）。

岩间圣母 油画 199cm x 122cm 1483 —1486 年 达·芬奇 法国巴黎 卢浮宫

想要知道蒙娜丽莎神秘微笑的秘密，先要搞清楚吉内薇拉在笑什么。

达·芬奇作品中，《蒙娜丽莎》算得上数一数二的出圈画作了。人们一边赞叹这是一个伟大的作品，一边也在好奇蒙娜丽莎的神秘微笑背后的神秘含义。那么，这位大师是怎么创作这个画作的呢？

将时间倒转到 1478 年，那一年的达·芬奇还是一个年仅 26 岁的青年，还没有进入自己的创作成熟期，他在创作《吉内薇拉·德·本奇》。《吉内薇拉·德·本奇》和《蒙娜丽莎》同为女性肖像画，仔细观察，或许可以从《吉内薇拉·德·本奇》中窥见一丝《蒙娜丽莎》的影子。

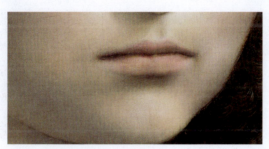

▶图 1-25 吉内薇拉·德·本奇 局部图

达·芬奇的第一个非宗教题材的作品就是《吉内薇拉·德·本奇》。在这幅画中，达·芬奇应用了自己擅长的画法，还原了少女灵动如波浪一般的卷发。达·芬奇熟稔地用手指和稀薄的油彩为画作上色，甚至直接用手指将油彩晕开，营造出阴影消散在空气中的效果。达·芬奇这种晕染习惯，也形成了属于他个人的"指纹认证"。所以，如果你有机会到华盛顿的美国国家美术馆参观，注意仔细观察吉内薇拉下巴的右边和她的右肩，你就能看到达·芬奇的指纹（如图 1-25 所示）。

整幅画都弥漫着淡淡的暮光，整个画面看起来如梦似幻。吉内薇拉的头发从充满光泽感的卷曲向外延伸，逐渐融入了背景的杜松之中，和谐又呼应。当然，吉内薇拉的神态是淡然中带着淡淡的忧伤，她恍惚的神色与背景中悠然的风景遥相呼应。另外，吉内薇拉身穿的大地色的裙装也与远处风景中的树林颜色一致，甚至她裙子上的绳结也呼应了天空和河流的颜色。

达·芬奇在创作《吉内薇拉·德·本奇》时，应用油彩将其特有的液态光泽展现得淋漓尽致。光线照在光滑的平面时，会自然而然产生白色的小光斑，这种小光斑在达·芬奇的笔下有神奇的魔力。在这幅画中，来自左上方的阳光，斜斜地射入吉内薇拉的眼睛，所以她的瞳孔右侧有白色的小光斑。这本身没有什么特别的，但是当观看这幅画作的人来回走动时，这些闪光点也会随着观看人的步伐，不断改变位置，仿佛她的目光正在追随观看人而动（如图 1-26 所示）。

▶图 1-26 吉内薇拉·德·本奇 局部图

吉内薇拉的眼睛好像会说话一般，将千言万语蕴于欲言又止的眼神之中。她好像是忧郁的，将无尽的哀愁隐藏在深沉的眼神之中；她似乎又是平和而冷漠的，仿佛什么也不关心，只是平直地向前方看去。如果你愿意多花些时间盯着她的眼睛看，你就会发现，她的眼神不再飘忽，她也一直盯着你看。这种眼神是怎样塑造的呢？达·芬奇是怀揣着怎样的想法塑造吉内薇拉的形象呢？达·芬奇就是这样的魔法师，他有能力将光、影、色彩进行完美契合，最终完成一场特别的视觉盛宴。

无论是吉内薇拉会说话的眼睛，还是吉内薇拉嘴角那抹似有若无的笑容，甚至光与影的灵活应用，这一切都会在《蒙娜丽莎》这幅画中再现。

达·芬奇的绘画技术已经纯熟，看来达·芬奇可以独立接单，成为一名强硬的乙方了。

第二章

辗转米兰公爵宫廷
乙方恶霸

2.1 后会无期的《东方三博士拜圣婴》
"想要五彩斑斓的黑？可以，但是你得等到山峰没有棱角的时候，等到河水不再流～"

达·芬奇离开了韦罗基奥的工坊后，开始独立接单。达·芬奇的画功不错，很多大老板愿意为他的画作买单，这些卖出的画价格不低，所以达·芬奇的生活过得很滋润。

如果有老板想要私人定制，按照自己的心意完成专属画作，那就多少得看看他的运气好不好了。有些甲方很幸运，比如《吉内薇拉·德·本奇》的委托人，达·芬奇不仅完成了这幅画，而且这幅画也是达·芬奇的第一幅非宗教主题的画作，有着特殊意义。况且，这幅画的完成度极高，现在游客们仍然愿意为了这幅画作，专门跑到华盛顿的美国国家美术馆参观。

有些甲方就缺少点运气，达·芬奇没能按期交付，不！达·芬奇甚至没有延期交付。因为甲方的寿命没有他长，所以这个画作干脆就没了后续。

1477年达·芬奇受到萨尔塔雷利事件影响，离开了老师韦罗基奥，开始在佛罗伦萨自立门户。在1477年到1482年之间，达·芬奇一共接到三份委托，一份并未开始，两份只有一半的成果。

1481年3月，达·芬奇的父亲在中间穿针引线，年仅29岁的达·芬奇与佛罗伦萨的一家修道院签订合同，答应绘制一幅叫作《东方三博士拜圣婴》（如图2-1所示）的画作。

合同虽然是签了，但是条件却是相当苛刻的。首先，这个甲方相当小气，达·芬奇需要垫付材料费用。达·芬奇需要等作品完工之后，才能拿到颜料、画笔、画布等材料的费用。其次，这个甲方紧紧卡死工期。甲方只给了达·芬奇30个月的工期，如果延期交付，达·芬奇将拿不到任何费用。如果超过30个月的工期，达·芬奇还没完成，届时他需要将已经完成的部分，悉数上交给修道院。

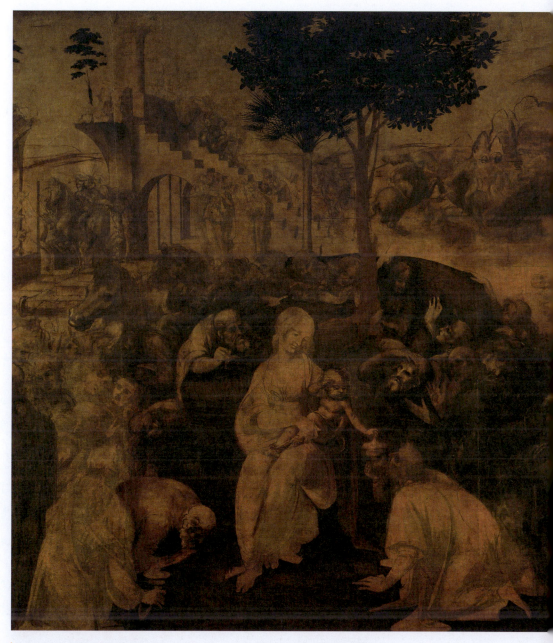

▶图 2-1 东方三博士拜圣婴 油画 约 246cm x 243cm 1481 年 达·芬奇 意大利佛罗伦萨
乌菲兹美术馆素描和版画收藏部

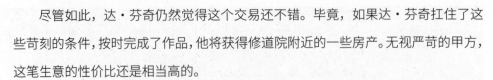

尽管如此，达·芬奇仍然觉得这个交易还不错。毕竟，如果达·芬奇扛住了这些苛刻的条件，按时完成了作品，他将获得修道院附近的一些房产。无视严苛的甲方，这笔生意的性价比还是相当高的。

就这样，达·芬奇签下合约后，就着手准备这个大单子。达·芬奇仔细研究了其他人画的《东方三博士拜圣婴》相关作品，然后手拿铁笔开始画草图，再用羽毛笔和墨水笔进一步完善草图。

达·芬奇想要打破其他人绘制的《东方三博士拜圣婴》相关作品的呆板感，他希望将背景中远近不同的空间透视感统统呈现在画面上。达·芬奇的草图上面也能看出，他想要用不同的动作、表情、体态将画中这些人物的情绪由点及面地扩散开来。

看到《东方三博士拜圣婴》的草图时，会有多少人惊叹不已呢？达·芬奇用尺子画出了水平线，再在这些网格上，将自己的构思与构图尽情展现。这种画作简直就是一个精细的画面呈现，但是如果细细研究，你会发现，这个画作并不是一幅墨守成规的"标准画作"。画面上的人物有的行色匆匆，有的身形扭曲，有的神态慌乱，这种杂乱的画面在精细描画的网格上面更呈现出一种反差感，这就是一场透视科学与艺术表现力的完美结合。

草图的完成异常顺利，似乎达·芬奇只要按照现有的进度，继续完成对于人物的创作，拿到尾款，都是顺其自然的事情。达·芬奇选择用粉笔完成底稿，在确定人物大致的形态后，再用沾有墨水的细笔勾勒轮廓。达·芬奇此刻已经相当重视光影关系了，所以他在画的时候着重对于阴影的创作，用淡淡的蓝色打造出阴影效果，在这上面上了一层淡白色的底漆，打造出朦胧的画面效果。

达·芬奇打破了固有的平面叙事的顺序，尝试在画面上完成螺旋叙事：以圣母为中心，圣母在螺旋的中心静止不动，其他人表现出不同的神态，将惊讶、好奇、感叹的情绪用不同的表情与姿势进行表达。毫无疑问这样的创作是前卫的，并且将动态的场面与人物情绪进行了完美的结合，风暴中心是平静无波的，其他人的情绪则如同旋风一般，各有不同。这种螺旋展开的叙事法，当然受到了他最擅长的水波纹影响，选择这种构图方式也是因为它可以将画面中蕴含的情节完美呈现。

达·芬奇画完了理性与艺术构思完美融合的背景，然后他进行了螺旋式画面构图，又画了一部分人物与建筑物，然后，……没有然后了。

他的这幅画未完待续了。

很明显，达·芬奇画到这里就没有再继续下去了。如果此刻有人想要将"没有契约精神"这一标签粗暴地贴在达·芬奇的身上，不要说粉丝，达·芬奇自己也不会答应的。那到底是什么原因导致这幅画一拖再拖，最后压根没完成呢？

首先，达·芬奇是个完美主义者，他不允许自己有"差不多"的作品。那么，来看达·芬奇对于这幅画的要求：

1. 这幅画中需要有至少 30 个人。
2. 这 30 个人要形态各异，符合人物逻辑。
3. 30 个人需要同时配合整个画面的情节，达成整体画面的协调一致。
4. 这些人各自受到不同的光线影响，产生不一样的阴影效果。
……

即便是一位电影导演，想要用摄影机来拍摄 30 个人的群像镜头，抓拍到符合要求的镜头都非常困难，更何况，达·芬奇是要用画笔绘出这一幕的。

这太难了。

当然如果是几十年后的达·芬奇接下委托，或许事情会变得好办一些。但是此刻的达·芬奇只有 29 岁，他现在相较于亲力亲为地执行，他更擅长的是完成画面构思的过程。

于是，达·芬奇一思索，这幅仅仅完成一半的《东方三博士拜圣婴》算不得什么，就留给修道院吧！

达·芬奇迅速收拾行李，准备跑路去勇闯米兰宫廷了。

2.2 跑偏的职业规划

"我只是恰好有画画这项才能，这算不得什么，我有更崇高的理想。"

1482 年，达·芬奇来到米兰，然后他在这座城市足足生活了 17 年。这座城市相较于佛罗伦萨来说更适合达·芬奇，有的人说是因为米兰这座城市中的艺术家太少了，达·芬奇的竞争压力很小，或许这也算是其中一个原因吧。至于更重要的原因嘛，当然是因为米兰是座好城市，达·芬奇可以在这里施展他的才华与抱负。

那么，达·芬奇的理想抱负究竟是什么呢？难道不是成为一位受人仰望的艺术大师吗？

或许打开他给卢多维科的求职信，就可以窥见一二。这封求职信诚意满满，写了满满几大页。这封信中，达·芬奇的人设是"工程师"。达·芬奇在这封求职信中，历数了自己在军事方面的理想抱负，也说了说自己创造乐器的才能。

但是，达·芬奇完全没提他在美术方面的天才造诣。

这是什么概念？这就是一个拿着金碗的小孩儿在要饭呀！已经 30 岁的达·芬奇并没有拿出自己的看家武器，为自己摇旗呐喊。他想要凭借自己的"工程师"梦想，获得卢多维科的青睐，这样他就能拥有一份可以维生的稳定工作。

是的，这会儿的达·芬奇正准备甩掉艺术家的标签，他打算在米兰走马上任，成为一名工程师。

达·芬奇知道要当军事工程师不是开玩笑的，要是武器设计有问题，士兵带着武器走上战场，就有概率伤敌一千自损八百。所以，达·芬奇在提交了那封自荐信之后就开始设计一些新型的军事设备。他绘制了推开工程梯的草图，还设计了刀轮战车，后来还设计出一个惊人的巨弩。来看看这个巨弩长什么样子（如图 2-2 所示）。

即便已经过去了 600 年的时光，现在看这个设计也相当惊人。从草图中不难看出，这个弩相当大，士兵在这张弩旁边显得那么渺小。可以想象这种巨大的弩，它的威力是多么巨大。尽管当时火药已经相当普及了，但是这种威力巨大的冷兵器仍然是更加经济有效的选择。

那么，达·芬奇的设计能否真的帮助卢多维科赢得战场上的胜利呢？

答案简单明了：不知道。

对，毕竟达·芬奇的这些设计并没有真的投入生产，更不曾加入战场，它的实际威力只能被永远地画上一个问号了。

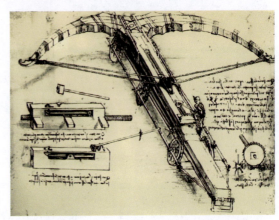

图 2-2 巨弩草图 设计图 1482 年 达·芬奇 意大利米兰盎博罗削图书馆

乌龟和飞碟的糅合物装甲战车，机关枪前身的多门炮，灵感源于阿基米德的蒸汽炮，……这些军事机械都是达·芬奇奇思妙想的产物。但是很可惜，这些军械大多止步于草图，并没有被卢多维科采用。

唯一一个从纸面跳出、化身为真正战场利器的作品，就是簧轮点火装置。当战士扣动扳机时，装置可以驱动金属轮，使其与矿石摩擦后产生火花，从而实现点火。这个点火装置，曾经在意大利和德国广泛应用，改装后让枪械使用更加方便。

达·芬奇因军事才能被重用了吗？这很难评，大概，或许，没有吧!

达·芬奇除了绘画才能，还有许多"隐藏的技能点"，这些技能点时不时地亮起，更展现出天才与凡人的差异。

这不，达·芬奇生怕军事才能难以打动卢多维科，于是他将自己的建筑才能展示给卢多维科看了，希望可以进军建筑业。

1487 年，达·芬奇就提出，米兰这座城市之所以黑死病肆虐，就是因为城市的卫生情况堪忧。于是达·芬奇提出了城市建设大构想：疏散现有人口，将米兰所有人口都疏散到 10 座新城市旁边。新的城市将有一个庞大的"下水道系统"，运货物、仓储、运转废弃物等工作都将在这个"下水道系统"进行，这样整个城市会变得干净又卫生。当然，面对这么庞大的工作量，卢多维科表示拒绝。于是，这个宏伟的构想最终仅仅停留在纸上，没能真正落实。否则，这恐怕是个震惊世界的建筑呢！

不过，最终让这位"军事工程师""建筑设计师"留在米兰的原因，竟然是成为一名演出制作人，也就是为演出活动制作相应的设计。

小剧场

解密达·芬奇艺术密码

老师，我现在是个全才哎！我会设计武器，我还能做城市水利设计，我还能……

傻孩子，最后还不是靠着老师教你的舞台设计才能留在米兰？

……扎心了，老师！

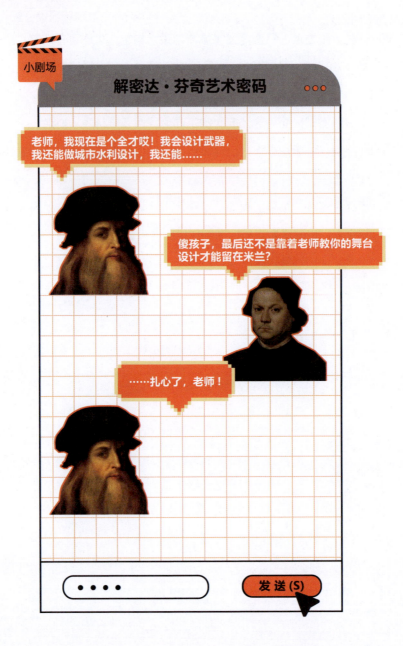

• • • •   发送 (S)

见此图标 微信扫码 → 开启一场穿越时空的艺术与科技对话

2.3 漫画风的画作
"不就是漫画嘛！这也算是达·芬奇玩剩的了。"

达·芬奇如愿以偿地留在了米兰，留在了卢多维科所在的斯福尔扎宫廷。但是即便达·芬奇进入了理想单位，他也没能胜任理想岗位。不过，这也不是什么大问题，反正又有几个人是按照自己学的专业就业的呢？打工人能在自己的岗位上发光发热就足够了。

达·芬奇在斯福尔扎宫廷就任的这段时间，他的主要工作就是负责设计宫廷表演的舞台。达·芬奇的领导当然是卢多维科，每隔一段时间，达·芬奇就要跟卢多维科汇报工作。众所周知，工作汇报要选择领导开心的时候，这样方案才更容易通过。正因如此，职场达人达·芬奇会时不时画点领导喜欢的画，就为了哄领导开心。

比如，达·芬奇曾经专门创作一系列漫画风画作，目的就是让卢多维科高兴。其中一幅画就是达·芬奇以嫉妒为主要创作主题，为卢多维科绘制的专属漫画。画面上的美德与嫉妒缠绕在一起，而卢多维科则带着武器与嫉妒进行搏斗，凸显卢多维科的英明神武，哪位领导看到自己帅气英勇的模样会不开心呢？

卢多维科大喜，命达·芬奇继续画之。

既然得到了上司的肯定，那就接着画。但是，艺术家达·芬奇叛逆精神作祟，像这种会让领导开心的画作，他压根儿就没画几幅。这种漫画风的画作确实有意思，达·芬奇不愿意给领导画了，反而开始放飞自我。

▶图 2-3 怪诞画 素描 2 幅 1487—1507 年 达·芬奇

　　当我们上网刷到这两幅画时，很难联想到这竟然是画《蒙娜丽莎》的达·芬奇画的吧。仔细看这两幅画，写实、怪异又带着某种恶搞，与当时流行的画风迥异，这怎么会是 15 世纪的人创作的呢？不过，这种看起来很特别的脸，确实是达·芬奇亲手画的。达·芬奇觉得这些脸长得怪怪的，所以直接把这些画统称为"怪异的脸"（如图 2-3 所示）。

　　这种墨水笔画的夸张漫画虽然看起来滑稽可笑，但是仔细察看，这些画都蕴藏着与众不同的想象力与创造力。这种创造能力是从哪里来的呢？

　　时间回溯到达·芬奇的童年时代，达·芬奇是公证员的私生子，他没有办法继承家业，但是他承袭了家族乐于记录的好传统。早在童年时代，达·芬奇就养成了记笔记的好习惯，长大后他成为了一名"手账达人"。

达·芬奇有一个爱好，他喜欢观察路上的行人，一旦发现那些长相有特点、表情夸张、神态有趣的路人时，达·芬奇会颇有心机地将这些人专门请到家中，一边畅谈，一边仔细观察这些人的神态变化与动作表情。等到客人离去，达·芬奇赶紧将头脑中的印象画到笔记本上，留下创作的素材。

达·芬奇就像是一个微表情大师，通过人物的表情变化，判断人

▶图 2-4 五个怪诞的头像 素描 26cm x 20.5cm 1490 年 达·芬奇 英国温莎城堡 英国王室收藏

物的心理状态。达·芬奇始终坚信，可以从一个人的面部表情，了解到他的内心世界。达·芬奇在下笔前，已经为笔下的人物设定了性格，这也是为什么他的画具有让观众深思的魅力。

15 世纪 90 年代，这幅让人摸不着头脑的画像横空出世（如图 2-4 所示）。

猛一看，这是五个人的半身画，但是人们离近了一看，好家伙，这好像是同一个人啊！没错，这幅《五个怪诞头像》就是画的一个人。这位中心人物是一位老人，这位老人有着鹰钩鼻和让人难以忽视的下巴。还记得达·芬奇曾经在《戴头盔的武士》

中创作的人物吗？这就是达·芬奇在创作年老的武士形象时惯用的人物特征。

当然，即便都有着鹰钩鼻与异常饱满的下巴，这张《五个怪诞的头像》上面的五位老人也并非复制粘贴而来，他们各具特点：有的显得阴险奸诈，有的表现得憨厚老实，有的则平和慈祥，甚至后面的那位老人还露出了相当癫狂的笑容。

达·芬奇究竟是在什么心境下画出了这幅《五个怪诞的头像》？为什么要画出一个人的五种不同表情？这幅画背后隐藏了什么秘密？

既然达·芬奇创作出了如此奇幻的怪诞画，我们就不要辜负它。好好看，感受这份特别与奇异就够了。

▶ 音乐家肖像　油画　45cm × 32cm　1490 年　意大利米兰　盎博罗削图书馆

2.4 临时换掉甲方：《岩间圣母》

"甲方给不到满意的价格怎么办？那就换掉他。有必要的话，甚至可以换两次！"

达·芬奇的《岩间圣母》相当出名，这不仅仅因为《岩间圣母》的艺术造诣极高，还因为现存的《岩间圣母》有两幅，它们分别陈列在卢浮宫和英国国家美术馆。

不过，达·芬奇为什么要创作两幅同主题的画作呢？

达·芬奇来到米兰后，被卢多维科赏识，服务于斯福尔扎宫廷。历经10年的时间，达·芬奇成为一位知名表演专家，其间达·芬奇甚至一度对绘画丧失了兴趣。不过还好，待到达·芬奇的职业倦怠期度过，他成立了个人工坊，也会时不时接到画作订单。

达·芬奇的工坊接到了无玷受孕协会（教会）的委托，按照甲方的委托要求，达·芬奇需要按照约定的时间，完成一幅以岩间圣母为主题的画作。当时，圣母题材是艺术家创作的热门题材，对于达·芬奇来说，这份委托算是比较轻松。于是，达·芬奇简单思索后，便爽快地接下了这份只有800里拉报酬的委托。结果没想到，是达·芬奇小看了这次委托，最后的结果大大超出他的预料。

达·芬奇不仅热爱艺术，还将自己无限的热情倾注在科学研究上。达·芬奇在创作画作时，时常尝试将科学与艺术紧密结合，对于这一点从这幅《岩间

▶图2-5 岩间圣母 油画 199cm x 122cm 约1483—1484年 达·芬奇 法国巴黎 卢浮宫

圣母》中也能窥见一二（如图 2-5 所示）。

这幅《岩间圣母》中的岩石部分值得细细品味。达·芬奇是一个懂得地质学的画家，他在绘制的时候，甚至考虑了火成岩在火山岩浆冷却后会产生的垂直裂纹。当然了，达·芬奇对于早就灵活应用的光影技巧，在这幅画中也依然沿用。达·芬奇细心绘制出在阳光照射下岩石会反射出的微光。另外，达·芬奇还非常细心地按照自然规律将植物的生长状态进行绘制，避免出现"穿帮"画面（如图 2-6 所示）。

当然，达·芬奇没有忘记呈现出绘画的叙事效果。达·芬奇在考虑植物的象征意义的同时，还要思索植物的生长习性。比如达·芬奇舍弃了象征着纯洁的白玫瑰，

▶图 2-6 岩间圣母 局部图

因为白玫瑰虽然象征意义与整幅画完美契合，但是白玫瑰可不是长在岩石边的植物。于是，达·芬奇转而选择了意味着"美德"的报春花，他将其绘制在画面上。毕竟这种报春花出现在画面上，既满足了画作的叙事需要，也符合自然规律，同时报春花同样是白色的，与整个画面颇为和谐（如图 2-6 所示）。

▶图 2-7 岩间圣母 局部图

　　达·芬奇拒绝当一名大自然的搬运工。达·芬奇不是写实派，他不会一成不变地将现实生活中的植物，直接机械搬运到画面上。他按照自己的艺术倾向性，将鸢尾花的叶子扭成螺旋形，呼应圣母与圣子的姿态（如图 2-7 所示）。

　　达·芬奇是一个天才，他在艺术、解剖学、力学等方面都表现出了自己的才华，但是这"等"字中，肯定不包含会计学，因为，达·芬奇做了亏本买卖。

　　达·芬奇在这幅《岩间圣母》上花费的心思相当多，达·芬奇带着工坊的学徒们昼夜不休地在完成这个作品。况且，即便不论无形的时间、精力投入，仅仅说材料上面的投入也远远不止 800 里拉，这就入不敷出了。达·芬奇还为这幅画进行镀金，这幅画的价值远远高于约定的报酬。达·芬奇不愿意将自己的心血贱卖，甲方则觉得这是已经约定好的报酬，怎么能因为你的投入超出了预算就更改呢？

于是，甲乙双方不断争执，很长一段时间都没有定论。最后，达·芬奇一气之下，将这幅画卖给了另一位有钱的顾客，这幅《岩间圣母》最终进入了法国的卢浮宫（如图 2-8 至图 2-9 所示）。

▶图2-8 岩间圣母 油画 189.5×120 cm 约1495—1499年 达·芬奇 英国伦敦 英国国家美术馆

▶图 2-9 岩间圣母 两版本对比之第一版 约 1483—1484 年

2.5 升级换代的 Pro 版本：《岩间圣母》

"英国国家美术馆的《岩间圣母》独美，才不是什么卢浮宫的替身。"

达·芬奇算错了成本，最终跟原定的甲方闹翻了。达·芬奇虽然当时一气之下将《岩间圣母》卖给了其他买家，但是达·芬奇还是有契约精神的。在与甲方的争执结束之后，达·芬奇还是同意重新为他们画一幅《岩间圣母》，算是替代品重新交付了。不过，只是一种奢望罢了，世界上都没有两片一模一样的叶子，又怎么可能出现一模一样的画呢？即便是同样的主题，几乎一模一样的画作元素，但是达·芬奇不再是几年前的那个青年，他的创作技巧日益成熟，他升级了《岩间圣母》。

即便是个外行人，也能一眼看出这两幅《岩间圣母》的区别。感谢新技术的帮助，在 2009 年的分析报告中，可以发现，这幅新的《岩间圣母》的底稿与第一幅完全不同。这幅画底稿中的圣母是以一个跪姿，将手横在胸前，这与第一幅中玛利亚的姿态有很大的区别。但是达·芬奇经过纠结，还是用底漆遮住了这版底稿，依然按照第一幅《岩间圣母》中玛利亚的姿势，没有进行大的改变。只不过，达·芬奇微微调整了天使的手指和视线方向，虽然仅仅是细节处的微调，就让这幅画的重点更加明确。观看者不会将注意力放在天使身上，而是更关注画面的中心人物玛利亚。无论是玛利亚低下头慈爱地看着约翰，还是玛利亚用手保护性地悬在约翰的头上，都绝对地抓住了观众的视线。

另外，这幅新完成的《岩间圣母》远远超越了上一幅，达·芬奇删繁就简，不仅重新调整了画面的焦点与重心，还在微微调整了构图后，将自己最擅长的光影优势释放到最大限度。举个例子：达·芬奇亲手"封闭"了这个岩洞，你看新完成的《岩间圣母》中的这个岩洞是不是变得更小（如图 2-10 所示）？

如此一来，只有少量的阳光会集合成一个光束，从左侧投射进入岩洞。光线不再以一种漫反射的形态存在，均匀照耀在画面的 4 个人物身上，而是每个人身上的

图 2-10 两幅岩间圣母的岩洞对比

光线都有所差异。因为光线的缘故，人物的立体度、形象塑造也会相应发生改变，光线仿佛增添了动态的变化。

当然了，即便这幅画是达·芬奇补给甲方的，但是别忘记了，这可是一个难缠的甲方呀！于是，不出意外，双方又针对画中的小细节，开始了旷日持久的争执。一直到1506年，达·芬奇早已离开了米兰，这场争执才算是落下帷幕。终于，达·芬奇完成了最后的润色，艰难地拿到了尾款。

2.6 谐音梗大师：《抱银鼠的女子》
"谐音梗？扣钱！不不不，给钱！"

　　尽管达·芬奇已经来到米兰7年，他却一直进行着宫廷演出相关的工作，虽然他的工坊接到了一些委托，但是他服务的卢多维科公爵却没有给他机会让他进行绘画工作。

　　一直到"她"的到来。

　　"她"就是塞西莉亚·加莱拉尼，她既是卢多维科公爵平凡生活的救赎者，也是达·芬奇职业生涯大材小用的拯救者。毕竟这份宫廷演出工作没了达·芬奇的参与，就像是鱼没了自行车，也没什么大不了的。反倒是达·芬奇的绘画才能被重新挖掘，才是喜事一桩。

　　卢多维科公爵认识塞西莉亚的时候，就已经缔结了一份门当户对的婚约，而彼时，塞西莉亚也刚刚解除了婚约。简单来说，其实就是卢多维科公爵在已经有未婚妻的情况下，仍然与刚刚解除婚约的塞西莉亚相恋了。不过还好，在中世纪的道德标准下，这也不算是什么了不起的大事件。

　　卢多维科公爵想为这位美丽的女士留下一幅肖像画，于是他就想到了达·芬奇。他将达·芬奇唤来，将这份工作交给了他，达·芬奇就正式开启了这项赏心悦目的任务。卢多维科公爵想要创作这幅画的初衷，就是要表达出他对塞西莉亚的浓浓爱意。但是，爱意是一种虚无缥缈的情意，怎么能被轻易捕捉到呢？这难不倒达·芬奇。

　　达·芬奇是要将卢多维科公爵传达给他的主旨精神，全面忠实地贯彻在这幅画中。于是，在达·芬奇的顶级理解之下，卢多维科公爵并没有出现在这幅画中，达·芬奇觉得要留白，引人遐想。达·芬奇虽然没将卢多维科公爵画进去，但是他用更加高明的方式表达出两人的爱意。这幅画中，抱着银鼠的塞西莉亚身体朝向观画者的左侧，但是头部却对准了观画者的右侧，这种视角的巧妙反差带来了一种戏剧效果，画中人物右侧似乎有什么吸引了她的注意力一般。到底是什么吸引了这位女士的目光呢？或许是卢多维科公爵吧。

仔细看，这位女士手里抱着的银鼠活灵活现，看起来机敏非常，似乎全身戒备，竖起耳朵，有一点动静就准备溜之大吉。"银鼠"的希腊语与塞西莉亚女士的姓氏——加莱拉尼相近，这是一语双关，也是达·芬奇的谐音梗。况且，银鼠还有着纯洁的象征意义，用来象征这位纯洁美好的塞西莉亚女士似乎刚刚好。卢多维科公爵曾经被授予银鼠勋位，塞西莉亚女士抱着银鼠的姿势是不是在指她拥抱爱人呢？卢多维科公爵虽未入画，但是存在感满满。

对立与平衡大概是这幅画的主题。这幅画中的主人公塞西莉亚女士的头部与身体的姿势形成了对立关系，达成了这幅画的戏剧张力。达·芬奇为了确保这幅画的平衡，又对银鼠的姿势进行设计，银鼠似乎身体也进行扭动，与塞西莉亚女士达成一种微妙的平衡，让整幅画看起来舒适整洁。

细看这幅画中的细节之处，方能感知达·芬奇高超的画功（如图 2-11 所示）。达·芬奇对于他所擅长的光影效果的纯熟应用自不用多说，无论是塞西莉亚的右手下缘映射着银鼠毛发的光亮，还是塞西莉亚脖颈处的恰如其分的阴影，抑或是塞西莉亚衣服因为光线不同而映射出的不同的色彩效果。这位少女也有着"蒙娜丽莎"的招牌神秘微笑，你从她的微笑中能感受到什么样的情绪？是开心，悲伤，还是淡然？每当你刚刚想要确认答案，你就在她的微笑中找到了不一样的解。不说微笑，塞西莉亚的眼神也这么神秘，让人摸不着头脑，甚至她怀抱的那只银鼠也有着神秘莫测的表情。

▶ 图 2-11 塞西莉亚·加莱拉尼（抱银鼠的女子）油画 54.8cm x 40.3cm 1489—1490 年 达·芬奇 波兰克拉科夫
波兰国家博物馆

2.7 失落的铜马

"这可不能怪达·芬奇，要怪就怪那些不懂艺术的法国士兵吧！"

达·芬奇在来到米兰 7 年之后，才终于获得了那份他在求职信中写到的理想工作——工程师。这是一份巨大的荣誉，他成为卢多维科公爵的 4 名工程师之一，公爵还为他配备了专门的工坊，这一切都让达·芬奇兴奋不已。于是当达·芬奇接下骑士雕像这个任务时，他信心满满。

为了纪念已故的弗朗切斯科公爵，卢多维科公爵计划建造一座连人带马共计 75 吨重的巨大青铜雕像，如果顺利完成，将直接冲击历史上最重的青铜雕像纪录。对于达·芬奇来说，这座雕像中更值得关注的部分当然是马匹的雕刻。达·芬奇全身心投入到对马匹的研究中，甚至因担心自己的雕刻不够准确，亲手解剖了一匹马。达·芬奇全身心投入对马的研究，甚至一度决定撰写一本关于马的专著，将自己解剖马的心得体会全部记录下来。当然了，达·芬奇很容易被新鲜的事物所吸引，写书这件事情最终也未能成行。

达·芬奇曾经对一匹西西里的纯种马颇为偏爱，他曾经为这匹马绘制了多种角度的草图。而且这些草图上面不仅仅有达·芬奇对于艺术的追求，还有达·芬奇对于科学的不断琢磨。毕竟从现存的草图上来看，上面不仅有马的局部细节，还有他对于马的部位的测量数据，这些标志也体现了这位艺术家的科学追求（如图 2-12 所示）。

达·芬奇曾经设想，让这匹铜马前蹄扬

▶图 2-12 马匹的侧面、四分之三侧面和正面习作
素描 21.2cm x 16cm 约 1490 年 达·芬奇
英国温莎城堡 英国王室收藏

起，仅靠后蹄支撑人在马背上，展现出傲人的风姿。当然，这个设想很快就落空了，这是一尊重约 75 吨的青铜雕像，绝对不可能将雕像全部的着力点都放在马的后蹄上，这样整个雕像难以保持平衡（如图 2-13 所示）。

既然技术上没办法实现，达·芬奇就必须重新设计马的动作。后来，达·芬奇研究了多座雕塑之后，发现马的小跑姿势也可以将马的动感表现出来，同时可以达成完美的效果，于是他终于与自己和解。达·芬奇决定以一种小步跑的姿势呈现马匹，确保雕像的平衡（如图 2-14 所示）。

达·芬奇是一个矛盾综合体，他既是专注的，又是拖延的。达·芬奇声名远扬，卢多维科公爵深知自己爱将的毛病，他担忧达·芬奇不能按时完成这座雕像，也担心这座雕像的完成度。于是，卢多维科公爵要求达·芬奇做一个全尺寸的黏土模型，他满意后，达·芬奇再继续骑士雕像工作。达·芬奇如期上交黏土模型，卢多维科公爵赞不绝口，宫廷中的其他人也对达·芬奇赞赏有加。

达·芬奇面对的这匹巨型铜马是项大工程，到底应该怎样铸造就是一个大问题。常规的操作是分块铸造，最后再将各部分焊到一起，这种方案显然不够完美，焊接点太明显了。完美主义者达·芬奇不满意，他想出了一个大胆但是可以达成完美效果的好方法：提前做一个模子，或许就

▶图 2-13 关于斯福尔扎纪念碑的草图　15.2cm x 18.8cm　约 1485—1490 年 达·芬奇 英国温莎城堡 英国王室收藏

▶图 2-14 关于斯福尔扎纪念碑的草图 手稿 15.2cm x 18.8cm 约 1485—1490 年 达·芬奇 英国温莎城堡 英国王室收藏

能铸造整匹铜马。达·芬奇打算用黏土塑造一个模具，然后注入黏土和蜡的混合物，进而分层干燥，接着将熔化的青铜注入留好的模具孔中，继而将碎石芯从马背部"带铰链的小门"中取出，最后把骑士放在马背上，他会覆盖住这个活门。

尽管达·芬奇为这个雕像付出了极大的心血，但是这个项目还是被搁置了。原因很简单，法军来袭，战场上需要更多的武器，原本用来浇筑雕像的青铜也被征用，最终塑造了3门小炮。3门小炮对于整个战场的影响无异于杯水车薪，但是这座雕像的建造工作却因此停了下来。后来，那些攻入米兰的法国士兵也没什么艺术细胞，他们只觉得这座黏土模型相当巨大，于是他们就干脆把这个模型当成练习靶，最终彻底毁掉了这座骑士雕像。

2.8 甲方是反派：《最后的晚餐》

"还好中世纪没有肖像权一说。"

1495 年，达·芬奇终于获得了他梦寐以求的理想工作，他被正式任命为斯福尔扎宫廷的艺术家和建筑师。

在达·芬奇接下这工作之后，卢多维科公爵给他布置了任务，达·芬奇要完成那尊巨型铜马。与此同时，卢多维科公爵又将一项壁画工作交给达·芬奇。准确来说，达·芬奇需要按照时间安排，为一所修道院绘制《最后的晚餐》。

达·芬奇欣然应允，他渴望挥洒出自己的艺术才华，但是面对壁画创作这个大工程，他还是表现出了与众不同的工作习惯。

达·芬奇可不是安安静静坐在墙壁前，将自己的灵感悉数泼洒在墙上的绘画精灵。他的状态谈不上安静，也谈不上对于灵感的挥斥，他的行为好像只能用怪异形容。

根据其他人的记录来看，有时候，达·芬奇会一整天坐在画架前，废寝忘食，对着画作不停绘制，旁边的人叫他，他也好像没听到一样，自顾自地进行创作。有时候，达·芬奇会对着这幅画一看就是一天，他似乎在想着什么，又或许他只是在愣愣地发呆；还有时候，达·芬奇几乎一整天未曾出现在画室，仅是在中午匆匆前来抓起画笔，在画上简单画上两笔，然后就离去。

达·芬奇这段时间，不像是作画，看起来倒像是在做行为艺术。

达·芬奇的工作状态让其他人困惑不已，他的工作速度更是慢到离谱。修道院的院长每天溜达到壁画面前看进度，然后每天都哀叹着离开：达·芬奇画了两年的壁画上，还有两个人没有脸！终于有一天，修道院的院长忍不住了，走到卢多维科公爵面前，向他喋喋不休地抱怨这位不靠谱的画师。

修道院的院长抓住机会，绘声绘色地向卢多维科公爵描述了达·芬奇的工作状态。院长一边说着，一边比画着，学着达·芬奇的动作，生怕卢多维科公爵不理解他的苦恼。

卢多维科公爵听着耳边的抱怨，虽然觉得唠叨，但是他也能理解修道院的院长，毕竟他前段时间还担心铜马雕像的进度，要求达·芬奇完成一个黏土模型让他安心。同样作为一名甲方，修道院的院长肯定希望达·芬奇改变，但达·芬奇还是以那种率性而为的态度工作，难怪修道院的院长会生气。卢多维科公爵将这份抱怨转达给达·芬奇，提醒达·芬奇可以做好计划，按照一定的进度，每天一丝不苟地完成工作内容，估计很快就能完工。很可惜，达·芬奇没听进去，他只是颇为敷衍地应承下来，但是依然我行我素，并没有什么改变。

修道院的院长也是一个相当固执，或者说是相当唠叨的人。修道院的院长还是不断向卢多维科公爵发着牢骚，卢多维科公爵也不厌其烦地如实转述。

直到有一天，达·芬奇忍无可忍直接回怼：“要是再来啰唆，这位院长会在这幅画上看到自己的脸。”

终于，达·芬奇的耳边清静了，没有人再来啰唆，达·芬奇也终于将犹大的脸画上。《最后的晚餐》终于宣告完成！

这幅壁画经过了漫长的等待，终于与世人见面。这幅《最后的晚餐》可以说是一幅伟大的叙事性作品！

从公元 6 世纪开始，“最后的晚餐”就是艺术界画师们热衷创作的主题，无数画师都曾试着创作，想画出自己理解的“最后的晚餐”。

▶图 2-15 创作于 13 世纪的画 最后的晚餐

看，这是一幅创作于公元 13 世纪的《最后的晚餐》（如图 2-15 所示）。这里面的"人"几乎是复制粘贴而来，就像是 AI 生成的，完全没有灵魂可言。

▶图 2-16 卡斯塔诺绘制的最后的晚餐

　　至于这幅比达·芬奇的《最后的晚餐》早半个世纪的作品，已经有了明显的进步（如图 2-16 所示）。至少，这幅画中已经拥有了鲜活的人物。不过，与其说这是一幅画，不如说这是一幅精心准备的集体大合照。画面中的所有人都像是专业模特，只是摆拍，摆出好看的动作，他们没有内心戏。

　　这个热门创作主题经久不衰，每位画家都可以按照自己的理解，画出自己的"最后的晚餐"。但是当达·芬奇交卷之后，达·芬奇的《最后的晚餐》就成为最佳范本。在后来的画师完成"最后的晚餐"这个命题作文时，达·芬奇的画成为他们绕不开的高山。后来的画师们只能模仿，却不能超越。

　　因为，"最后的晚餐"等到了他的灵魂画师。

见此图标 微信扫码　开启一场穿越时空的艺术与科技对话

2.9 众星璀璨：《最后的晚餐》

"最佳导演不仅会指挥'演员'，他还会操控观众的视线。"

这幅壁画是一幅史诗级的群像画。画中的 13 个人，真正做到了群星闪耀，不管是实力派还是演技派通通拿出了最佳状态。

《最后的晚餐》有阅读顺序，来访者走进这个饭厅，必须左进右出，依照从左向右依次看，故事也会按照顺序一点点展开。来访者进入饭厅，首先映入眼帘的就是耶稣向自己伸出的左手。耶稣手心向上，指向来访者方向，似乎正在欢迎这群来访者的到来。

达·芬奇始终坚信，虽然画面呈现的只是一瞬间，但是这一瞬间是叙事逻辑中的一环，是有着前后联系的，不会是一个冻结的时刻。因此，达·芬奇在作画的时候，尽可能将这一瞬间的过去和这一瞬间的未来都有所呈现，这都是叙事的一部分。

整个画面中的 13 个人表情、神态、动作各有不同，但是却丝毫不显得杂乱无章。达·芬奇在《最后的晚餐》中采用了 5 个三角形构图法，以耶稣为中心，把画面中的 12 名门徒分成了 4 组。12 名门徒，每 3 个人形成一个小组，构成一个小 3 角形，统一形成稳定的画面感（如图 2-17 所示）。

▶图 2-17 最后的晚餐 壁画 460cm x 880cm 约 1494—1497 年 达·芬奇 意大利米兰 圣玛利亚感恩教堂

画中的每个人都遵循着自己的行为逻辑，将自己的心理活动表现在神态或者外显的行为上。所以这幅画上面有因为激动而直接跳脚的巴多罗买，沉默不发一言的小雅各，性格急躁急于自证清白的安德鲁，听到耶稣的话后直接愤怒到拔刀的彼得，做出慌张后仰动作的犹大，表情沉痛的约翰，耶稣身旁做出指天动作的多马，张开双臂想要保护耶稣的大雅各，以及那位双手指心、情绪复杂的菲力。距离耶稣较远的三人，马太、达太和西蒙，他们一边讨论，一边用手指向耶稣，将看客们的注意力再次引到画面中心。

典型的意大利人喜欢比画手势，他们偏爱用手势表达出人物的内心所想，达·芬奇在这幅壁画中关注了人物的手势。

把画面放大，放大，再放大，聚焦犹大（如图2-18所示）。

▶图2-18 最后的晚餐 局部图

犹大在画面的左侧，你一定一眼就能看到他，因为他整个人又黑又丑，还长着不怀好意的鹰钩鼻。他的眼神中带着躲闪，右手紧紧握着那个钱袋子，那个钱袋子中装满他背叛耶稣的酬劳，他左手贪婪地伸向耶稣分享给他的面包。毫无疑问，犹大手部的动作表现了他罪恶又贪婪的心理，而他的动作则巧妙地达成了一种戏剧张力。

▶图2-19 最后的晚餐 局部图

犹大打翻了盐罐子，他的身体随之后仰，他这个动作很容易让人联想到他所处的情境：他将耶稣出卖了，他现在要佯装无事发生尽量遮掩自己的龌龊丑恶，却不想自己心神不定，动作走形，竟然当众出丑。

达·芬奇充分利用了透视法，精确计算了应有的透视距离，他在墙壁上画出了画面的深远感。达·芬奇小心翼翼地计算着整个画面的水平线，确保水平线始终与桌面和人物保持一致，直接打破了观众的第四堵墙。观众就好像处于桌子的对面，面前就是耶稣带着门徒们共享这最后的晚餐（如图2-19所示）。整幅画都遵照着"向心力"的构图法，背景上成排的窗子，装饰，与人物共同达成一种平衡的庄严感。

当然了，带有宗教色彩的庄严感很容易给人一种压抑呆板的感觉，但是细看这幅画，却完全不会有这种感觉。之所以会有这种效果，是因为达·芬奇又一次将自己擅长的油彩画法用来打造光影效果。他充分考虑了光线的来源是左侧，所有人沐浴在阳光下就会产生不同的光影效果，缓解了场景的肃穆感。

让我们仔细看看犹大。在画这幅壁画时，犹大曾让达·芬奇伤透了脑筋。他花费了很多心思在对这个"反派"的刻画上，最终的呈现效果很有意思，不仅仅是将人物的慌乱与虚伪侧写得淋漓尽致，他的动作让他的脸和一部分身体处于阴影之中这一点也有着一定的象征含义。而将这种象征含义应用于画面，也是达·芬奇开的先河。

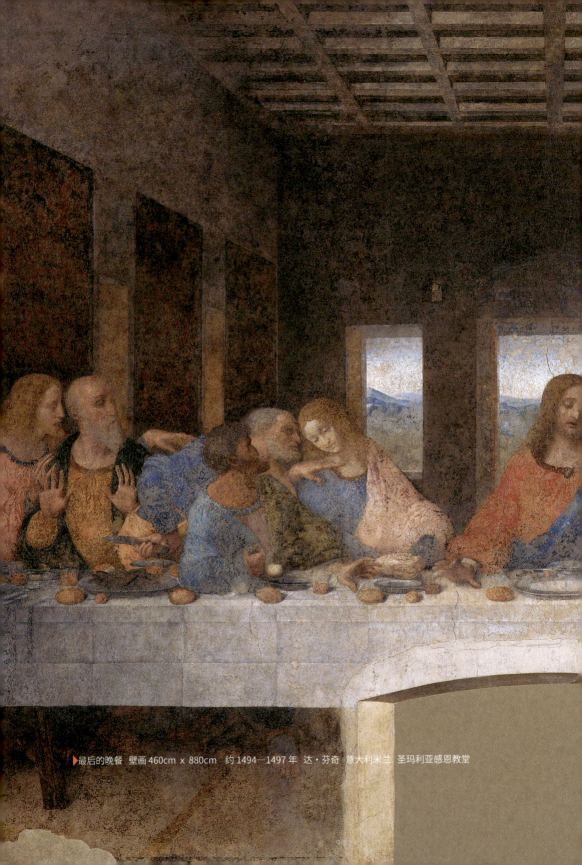

▶最后的晚餐 壁画460cm x 880cm 约1494—1497年 达·芬奇 意大利米兰 圣玛利亚感恩教堂

2.10 来自暴躁艺术家的挑衅
"别得罪摄影师！"

人物画像有时候是很重要的，画像会决定你对一个人的初印象如何。

比如说，创立了量子力学的普朗克，如果人们见到他年轻的时候，肯定会觉得这是一个风度翩翩的大帅哥。不过很可惜，如今人们常常见到的是他左边的这个形象。于是，人们会自然而然地将他联想成一个痴迷物理研究而不顾形象的科学达人（如图 2-20 所示）。

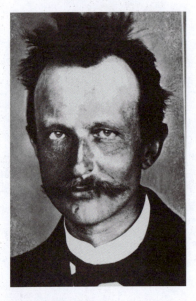

▶图 2-20 课本中的普朗克

▶图 2-20 普朗克肖像

现在常见的米开朗基罗的画像是这样的（如图 2-21 所示）。米开朗基罗的这幅画像是他中晚年的模样，头发花白，皱纹满脸，这样的米开朗基罗容易给人一种苍老、睿智乃至于一种与世无争的错觉。

事实上，一个年老的人，他也曾年轻过。况且，老年人可不等同于好脾气，一个人的坏脾气也不会因为他的年龄增长而消逝。

米开朗基罗是一位性格暴躁的艺术家，这个性格底色贯穿了他的一生。米开朗基罗习惯在背后点评别人的艺术水平，甚至会当面挑起争端。米开朗基罗曾经在佛罗伦萨的小教堂与一位年轻的画家共同作画，他当面侮辱了那位小画家，小画家一时愤怒，照着他的鼻梁狠狠地来了一下。于是，米开朗基罗原本不够英俊帅气的脸上，还永久地增添了一个变形的鼻梁。

▶图 2-21 米开朗基罗肖像

米开朗基罗与达·芬奇相差甚远。

达·芬奇帅气优雅，衣着华丽，精致永不落伍。如果米开朗基罗能向大他 23 岁的达·芬奇请教，这又是一个苏格拉底与柏拉图的师生美谈。

假设很美好，但是他们二者的关系却不似假设这般美好。米开朗基罗遇到达·芬奇时，常常会开启嘲讽模式：嘲讽达·芬奇的绅士风度，嘲讽达·芬奇华丽的穿搭风格，嘲讽达·芬奇总是完不成的作品。似乎，达·芬奇就像是挡在米开朗基罗面前的大山，米开朗基罗难以翻越，他就选择向达·芬奇宣泄这种愤怒。

没有事实的对战是虚无的，所以在《大卫》事件之前，二者是没有真正的矛盾的。最多就是米开朗基罗针对达·芬奇的单方面开火。

1504 年，米开朗基罗在佛罗伦萨完成了那尊享誉世界的《大卫》(如图 2-22 所示)。这尊历史性雕像的问世，开启了这场论战。

这尊雕像足足有 518 厘米高！当这尊雕像一完工，人们立马面临一个巨大的问题：这尊雕像应该被安放在何处？

米开朗基罗极力主张将这尊雕像放在领主宫前面的广场上，他坚信，这么伟大的雕像可是佛罗伦萨公民的象征。

但是另一批人则更愿意将其置于有拱顶的凉亭之下，这才是保护雕像的最佳方案。达·芬奇也站在了保护雕像的这一边，要知道，风吹日晒会让雕塑减少寿命的。他甚至进一步提出了要给这座雕像加上"得体的装饰"。

米开朗基罗勃然大怒，他不能接受雕像被放在不明显的凉亭下，他也不能接受雕像被遮住些什么。于是，米开朗基罗与达·芬奇开始认真辩论，都想要按照自己的想法安置雕像。

这场论战基本以米开朗基罗的胜利为终结，这尊雕像最终还是被安放在领主宫的入口处。但是，达·芬奇也没输，因为这场论战之后，

▶图 2-22 大卫 雕塑 米开朗基罗 高 518cm 约 1501—1504 年 意大利 佛罗伦萨美术学院

长达数百年的时间里，都有一个镀金花环系在大卫的身上。

事实上，虽然关于《大卫》的安放问题，达·芬奇站在了米开朗基罗的对立面，但是在达·芬奇的心中，《大卫》是一件值得肯定的艺术品。证据就是，达·芬奇在自己的笔记上面，画了一幅《大卫》的素描，这或许也是一种别样的肯定吧。

至于达·芬奇和米开朗基罗的对战，这不过是个起点罢了，多年之后，他们将有一场正面对决。

 见此图标 微信扫码 → 开启一场穿越时空的艺术与科技对话

2.11 人体的奥秘:《维特鲁威人》

"本来没想研究人体,但是你叫我大师了,我就得给你弄明白是怎么个事。"

达·芬奇对于人体始终是好奇的,这种好奇心起源于他在韦罗基奥工坊,一日日重复的衣褶练习中。直到晚年,达·芬奇还在坚持人体解剖,想要探究人体的奥秘所在。

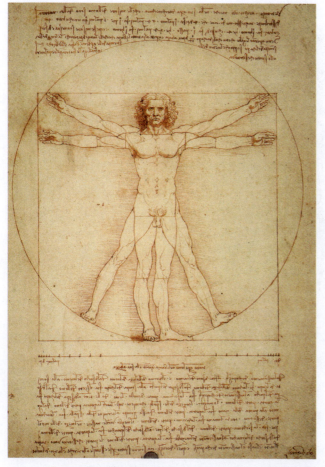

▶ 图 2-23 人体比例图（维特鲁威人）手稿 34.4cm x 24.5cm 约 1490 年
达·芬奇 意大利 威尼斯学院美术馆

至于人的比例,达·芬奇自然也是充满兴致的。于是,达·芬奇开始翻阅书籍,与志同道合的朋友共同探讨。

维特鲁威曾经用文字,细致地描述出一个完美的人体比例应该是怎样的。1490 年,达·芬奇和他的朋友们仔细阅读了文字描述后,凭借维特鲁威描述的人体比例,将原本只在文字中出现的描述转化为具体的画面形象。

达·芬奇的朋友弗朗切斯科·迪·乔治和贾科莫·安德烈亚都曾经绘制过维特鲁威人,幸运的是，这些绘制的内容也成功保留下来。达·芬奇与他的朋友想法类似，在看过文字描述后，他也开始尝试绘制维特鲁威人。

所谓撞衫不可怕，谁丑谁尴尬。达·芬奇的两个朋友已经画得相当精细，画的效果也很好，但是当达·芬奇的这幅画一出来，确实完成了实力碾压。

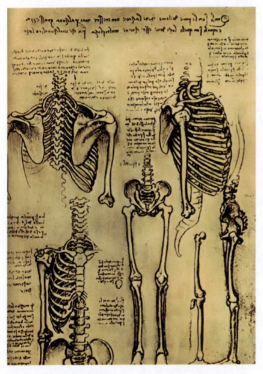

▶图2-24 选自达·芬奇手稿

毕竟达·芬奇的这幅《维特鲁威人》绘制得相当精细，观者从他的笔触中感受不到任何犹豫与试探，只有干脆地着墨（如图 2-23 所示）。达·芬奇在绘制其他画时，曾经被记录过画画的状态：他有时候会端坐在画面前许久，眼睛紧紧地盯着画而不着急落笔。由此，可以大致猜测出，达·芬奇在正式下笔之前，大概已经在头脑中画了千百次，才能在最后落笔时，没有一丝丝的犹疑。

达·芬奇在《维特鲁威人》旁边写下了详尽的尺寸说明、姿势说明和比例描写。当然，尽管达·芬奇写这些数据来自维特鲁威，但是其实只有一半的数据来自维特鲁威，而另一半的数据则是源于达·芬奇对于人体解剖的研究（如图2-24所示）。

达·芬奇运用圆规、三角板等工具，画出与正方形底部相切的圆形底座，人的肚脐刚好是圆心所在，下阴则位于正方形的正中心，一切宛如科学示意图一般, 标准, 科学，美观。

这幅《维特鲁威人》为什么这么美观？达·芬奇最爱的卷发出现在《维特鲁威人》这幅画上，这就意味着，这幅画不仅仅是一张工具画。

让我们拿出放大镜再细细观察这幅画。

这个人的眼神竟然如此专注，似乎正在紧紧盯着什么看，又或者正在努力思索着什么。他的四肢没有处于一个松弛的状态，而是好像正准备做什么运动一样，双臂仿佛准备振臂飞翔，双脚仿佛也在配合双臂。

原来，这不仅仅是一幅示意图，更是达·芬奇的一次艺术创作。

第三章

游历意大利
进击的理想主义者

✦ AI 艺术向导
✦ 天才实验室
✦ 画作解密课
✦ 手稿档案馆

扫码揭秘 **达·芬奇** 艺术密码

3.1 固执的雇主与别扭的画家
"他跑，她追，他插翅难飞。"

法国军队攻陷米兰，达·芬奇那尚未完成的雕像模型也在这场战火中毁于一旦。来不及伤心，达·芬奇就要紧急避难，离开是非之地。

达·芬奇来到米兰时，还是一个不足 30 岁的意气风发的青年；但是他离开的时候，已经是一个年近 50 岁的成熟艺术家。

达·芬奇的家族在佛罗伦萨是相当出名的，而且重回故里的达·芬奇不是离开家乡时的那个小小私生子，而是尽人皆知的大艺术家了。达·芬奇风格一变，开始经常穿着华丽的服装穿行于城市之中。达·芬奇的张扬给自己带来了一点麻烦，一位女士注意到他。达·芬奇向来都是乙方恶霸，这回可是碰上个难缠的雇主。达·芬奇承诺为这位伊莎贝拉女士画一幅肖像画，但是达·芬奇迟迟没有动工。

事情是这样的：这位伊莎贝拉女士一直在寻找一幅属于自己的肖像画，但是始终没有成功。其实按照伊莎贝拉女士的财富来看，这不是一件很难的事情，有的是贫穷小画家愿意为她效劳。毕竟有些画家一生只卖出了一幅画，要是碰到伊莎贝拉女士这样"慷慨的赞助者"，那位割耳朵的画家大概能多活几年。

用钱能解决的事情，为什么偏偏没解决好呢？

伊莎贝拉女士找了很多位画家，来给她画自画像，但是她对成品都不太满意。大概，伊莎贝拉女士懂点镜头学，她觉得人是立体的，画下来会有畸变，她哪有那么胖！伊莎贝拉女士可不觉得画成这样是因为自己比较"丰腴"。这些画师们要有点收钱办事的觉悟啊！或许，他们该学学为慈禧画像的宫廷画师。

既然这些画师水平有限，那么伊莎贝拉女士就只好向外求助，寻求其他人的帮助。伊莎贝拉女士来回打听画肖像画的大师时，很快就注意到了那名女性肖像画大师——达·芬奇。

▶图3-1 伊莎贝拉·德斯特肖像 素描手稿 61cm x 46cm 1500 年 达·芬奇 法国巴黎 卢浮宫

伊莎贝拉女士这次选择相当谨慎，她不知道达·芬奇的画风如何，也不确定她是不是会喜欢，她不想再遭受画家的背叛。于是她先是联系了塞西莉亚，遣人将那幅《抱银鼠的女子》送到自己面前欣赏。

伊莎贝拉女士大喜，甚爱之，遂遣人联系达·芬奇。

1500 年，达·芬奇为伊莎贝拉女士画了一幅粉笔肖像画，并且送到了伊莎贝拉女士的手中（如图 3-1 所示）。画中的伊莎贝拉化身时尚弄潮儿，并未穿着传统的宫廷服装，而是换上了当时最流行的法式服装。当时的法式服装不强调女性的线条美，宽松的上衣与宽大的裙摆遮住了丰满的体型。达·芬奇没有采用暴力修图，他没有将伊莎贝拉的双下巴直接全部消除，而是用粉笔晕染稍作修饰，反而显示了几分王室成员的庄严。伊莎贝拉女士心满意足地收下了这幅画，这件事情本来就此终结，却不想一个败家男人让这个故事节外生枝了。

在一个伊莎贝拉外出的日子，她的丈夫竟然将这幅画送人了。贵族威重，伊莎贝拉女士无法要回自画像，只能再次找到达·芬奇，让他重新绘制一幅，但是这可难倒了达·芬奇。

因为这次伊莎贝拉女士想要画一幅大尺寸的肖像画，还要求达·芬奇画正面或侧面肖像。然而，达·芬奇画肖像画摒弃了当时惯用的侧面画，他喜欢画人的四分之三侧面。比如，达·芬奇画吉内薇拉、塞西莉亚及后面的蒙娜丽莎，都是四分之三的侧面像，这样方便达·芬奇将人物的心理描写和动态表现注入肖像画中，为达·芬奇留有创作的余地。达·芬奇嫌弃普通的侧面画无趣，但是伊莎贝拉也有自己的坚持，她认为只有经典的正面画或侧面画才能凸显她的身份。

于是，固执的雇主与别扭的画家之间的持久战正式打响。在后来五六年的时间中，伊莎贝拉女士找来多人游说达·芬奇。不过，不管是谁来游说，达·芬奇都始终保持着"热情，礼貌，但一问三不知"的态度，始终没画。

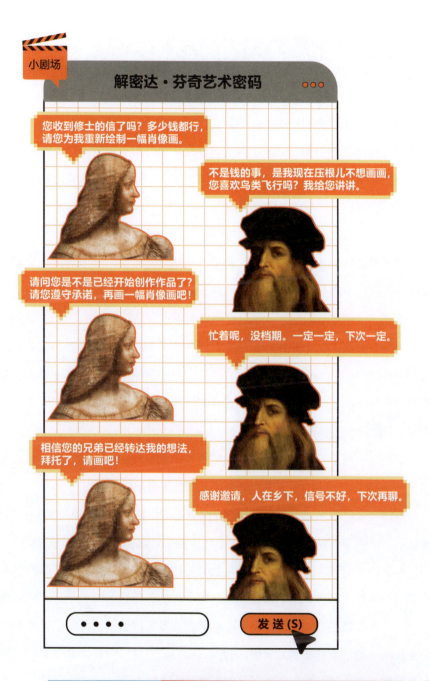

3.2 列奥纳多的奇迹：《丽达与天鹅》

"这是达·芬奇画过的最美大鹅，谁赞同？谁反对？"

达·芬奇忙忙碌碌一辈子，他好像不是在作画，就是在创作的路上。但是从产量上看，他的工作效率太低了，他忙碌一生，最后留下来的画作不过几十张。这跟某些高产画家没法比，10 年就创作了 800 多幅油画，人家割掉的是耳朵，但是打开了灵感的闸门。甚至在某位高产画家生命的最后阶段，他好像按下了创作加速键，短短两个月，竟然交出了 80 多幅油画！

达·芬奇的油画虽然总量少，倒霉经历却异常丰富。被偷的，被抢的，被修复成重伤的，……现在留下来的作品，有一件算一件，都值得倍加珍惜。

这不，《丽达与天鹅》就是这样命途多舛的作品。

从现在留存的达·芬奇笔记来看，《丽达与天鹅》的草图曾经出现过，这是他曾经绘制过《丽达与天鹅》的证据。另外，他的追随者曾经绘制过多版本的摹本，这些都在昭示，达·芬奇的确画过这样的一幅画，只是很可惜，它现在已经不知所踪了。

这幅画取材于古希腊的一个神话故事：丽达与幻化成天鹅的宙斯相爱，并且生下了 4 个孩子。《丽达与天鹅》就是描绘丽达生育后的场面。

从达·芬奇的笔记草图中和美尔奇的摹本中都能看出这幅画的情景，在画面中，丽达轻轻抚摸着天鹅，4 个孩子破壳而出。整个画面洋溢着生育的能量与动感。

在群山、河流、天空的环绕下，整幅画是以丽达和漂亮的白天鹅为主人公的。天鹅仿佛具有人的意识，依偎在丽达身边，天鹅的左翅拥抱着丽达，丽达并未注视着前方，而是轻轻右倾，微微低头，似乎传递着某种情绪，又似乎只是看向地面。丽达的脸上也带着蒙娜丽莎一般的微笑，参观者可以自由解读其中深意。达·芬奇为丽达精心设计的动作，充分展现出青春女性特有的婀娜曲线。

画的左下角，白胖的孩子正在嬉戏玩耍，天真烂漫，活泼可爱，孩子们的动作平衡了整个画面。

达·芬奇在这幅画中将家庭的和谐感和生育带来的生命作为画作的主题。在整个画面中，达·芬奇并没有渲染什么情色元素，他只是通过对姿势的调整，为丽达塑造出婀娜多姿的身形，整个画面充盈着母性的光辉与美。

另外，达·芬奇将一些生育元素描绘在画面上，比如肥沃的土壤，破碎的蛋壳，生

▶图 3-2 站立丽达的习作 油画 16cm x 13.7cm 约 1504 年开始创作 达·芬奇 英国查茨沃思德比郡德文郡收藏

机勃勃的植物，……达·芬奇将大自然的丰饶多产与人类生育相类比，突出了人与自然和谐共生的隐藏主题。

另外，从达·芬奇的草图可以看出来，达·芬奇好像在做什么跪姿尝试。虽然达·芬奇最终的成品图应该是一幅丽达站着的图（如图 3-2 所示），但是达·芬奇确实曾经做过这样的尝试。

拉斐尔在 1506 年绘制《丽达与天鹅》的素描（如图 3-3 所示），他的作品与后人对达·芬奇作品的摹本类似。此后，也许拉斐尔受到了"跪姿"这种构图理念的影响，他在罗马最终创作出《嘉拉提亚的凯旋》。

▶图 3-3　丽达与天鹅　素描　31cm x 19.2cm　约 1506 年　拉斐尔　英国温莎城堡　英国王室收藏

见此图标 微信扫码 开启一场穿越时空的艺术与科技对话

3.3 团队打造《纺车边的圣母》

"艺术界大师达·芬奇，亲率顶级团队，历时多年，倾情打造诚意大作《纺车边的圣母》。"

伊莎贝拉还在追逐达·芬奇。那位中间人修士在与伊莎贝拉的通信中，曾经提到了达·芬奇似乎正在创作一个新的作品。这个作品是以圣母为主人公的，圣母正在纺纱，旁边的婴孩脚踩纱线篮，手中紧紧抓着线轴，似乎想要将这个十字形的线轴拿走一般。

关于《纺车边的圣母》（如图 3-4 所示），现在遗留下来的作品数量相当多，竟然足足有 40 多幅。这些作品当然不可能是达·芬奇像流水线工人一般，将它们全部完成的。

▶图 3-4 纺车边的圣母 局部图

那这些作品是从何而来的呢？公元 1500 年后，达·芬奇回到佛罗伦萨这个熟悉地，他开始模仿他的老师，如同韦罗基奥一般，创建了专属于自己的工坊。

在这个专属于达·芬奇的工坊中，团队合作的企业文化扎根在每个人的心灵。当达·芬奇开始尝试绘出《纺车边的圣母》这个作品时，他的学生、他的助手、他的追随者也开始尝试临摹，创作。

曾经，一些鉴赏专家仰仗着自己对于艺术的感知力以及丰富的鉴别技术，试图分辨这 40 多幅《纺车边的圣母》中哪个是达·芬奇的真迹。但是，这样各执一词的鉴别自然不能让所有人信服，于是越来越多的争论，让这件事情迷雾重重。

科技不但可以改变生活，还能还原艺术本真的模样。近年来，科学技术发展速度飞快，并被广泛应用于艺术鉴赏之上。红外反射技术和多光谱成像技术的广泛应用，似乎为这场争论画下了一个休止符。

20 世纪 90 年代初，牛津大学的教授马丁·肯普曾经带着研究生，用现代技术对其中两幅《纺车边的圣母》进行分析，兰斯当版本和巴克卢版本似乎都是出于达·芬奇之手，这两幅画的底图相似度极高。只不过令人奇怪的是，从现在技术的分析结果来看，达·芬奇似乎曾经反复修改过这些作品的底画。

例如，兰斯当版本和巴克卢版本的底画中，都曾经出现过一个叫作约瑟夫的人物。约瑟夫在一旁为耶稣制作学步车，但是在最终的成品中这个人物却消失不见了。可能是大师反复审视后，发觉画面中元素过多，影响最终的呈现效果，于是约瑟夫被优化掉了。再对这些《纺车边的圣母》反复分析，我们可以发现超过 5 幅作品中都有约瑟夫的踪迹。

进一步合理推测：达·芬奇创作《纺车边的圣母》时，旁边有工坊的成员同时进行临摹，达·芬奇不断对自己的画作进行调整更改，学生或者是助手也会随之进行修改（如图 3-5 所示）。

达·芬奇在自己创作时，要求学徒跟随、模仿。另外，达·芬奇也会在学徒绘画的时候，有针对性地指点两句，或者直接在学徒的画上删改两笔。这种情况下，再去试图寻找达·芬奇的真迹似乎是一件枉费心机的行为，毕竟整个工坊中都充满了"达·芬奇的气息"。他个人的才华成为工坊的核心凝聚力，这个工坊的每一个作品都与他有着莫大的关联。

▶图 3-5 纺车边的圣母 局部图

达·芬奇创作的《纺车边的圣母》被送去了法国宫廷，受到一致好评，并且这种达·芬奇特有的叙事性绘画风格，被拉斐尔等画家争相模仿。对于达·芬奇本人来说，这个作品是他的团队通力合作的成果，也是为他投射了最多情感的《圣母子与圣安妮》的奠基之作。

▶纺车边的圣母 油画 50.2 cm×36.4 cm 1501 年 达·芬奇 美国 私人收藏

3.4 艺术史上大转折：《圣母子与圣安妮》
"我想让你逃，你却逃不掉……"

首先出场的还是那位我们颇为熟悉的伊莎贝拉女士。这位伊莎贝拉女士曾经多次托付修士帮忙传话，催促达·芬奇赶紧腾出时间，为她绘制画像。但是修士在传回的书信中总是告诉伊莎贝拉，达·芬奇很忙，他在作画，甚至是一刻未曾停歇地作画。这幅"耽误"伊莎贝拉女士画像的作品，就是《圣母子与圣安妮》（如图 3-6 所示）。

这是一幅全尺寸的作品：整幅作品采用金字塔形状的构图，金字塔尖是由圣安妮的头巾顶部构成，金字塔的底部则是由小羊羔的尾巴和圣安妮的右脚组成。画中的圣母玛利亚坐在母亲腿上，俯身准备将基督抱起来，而圣母的这个动作似乎拦截了幼儿基督准备抱起羊羔的动作。但是玛利亚拦截成功了吗？没有，小耶稣仍然执拗地揪着羊头。

《圣母子与圣安妮》是文艺复兴时期的大热门，多位画家都曾经尝试着绘制。1519 年，时年 47 岁的丢勒创作了同名作品（如图 3-7 所示），达·芬奇与丢勒创作的这两幅画虽然同样享誉画史，但是两幅作品的风格迥异。

丢勒的作品中虽然已经可见一些意大利绘画元素，但是这幅画中的北欧属性还是相当浓厚的，这幅水彩画更强调对人物细节的真实还原。而达·芬奇的作品则更具氛围美感，他天才般地让炭笔与色粉交替登场，他用轻柔如烟的笔法，消解了画面中线条的锐利感，模糊了整幅画的边界。

丢勒的作品中圣安妮所占的比重较大，而且圣安妮又是画面中唯一睁眼的人物，圣安妮是这幅画的主角，她会自然而然地抢占观看者的视线。达·芬奇的《圣母子与圣安妮》中，即便是圣安妮占据了整个画面中的较大比重，但是因为圣安妮与整幅画的背景颜色和谐，并且由于圣母玛利亚伏在圣安妮的膝上，遮挡了圣安妮的部

分身体，圣安妮不会夺走观画者的全部吸引力。圣母玛利亚伏在圣安妮的膝盖上，

显得相当惬意，同时因为她扑向腿边小基督的动作方向与小基督颇为一致，使得画

▶图3-6 圣母子与圣安妮 油画 130cm x 168cm 约1510—1513年 达·芬奇 法国巴黎 卢浮宫

▶图3-7 圣母子与圣安妮 油画 60cm x 49.8cm 1519 年 丢勒 美国纽约 大都会艺术博物馆

面带有一种独特的一致感。

　　除了动作方向上的一致，画面上 3 位主角的视线也给人了一种连环画一样的感觉：画面中最高位的圣安妮正在低垂眼眸，慈爱地看着圣母玛利亚，玛利亚也正在关切地看着她的孩子，孩子因为玛利亚的动作而转身看向她，羔羊也在看向孩子。

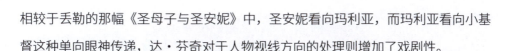

相较于丢勒的那幅《圣母子与圣安妮》中，圣安妮看向玛利亚，而玛利亚看向小基督这种单向眼神传递，达·芬奇对于人物视线方向的处理则增加了戏剧性。

达·芬奇为原本静态的画作增添动态的故事情节。在中国，就有"待宰的羔羊"这种说法，而在西方，小羊羔是受难的象征。

玛利亚明知为时已晚，但是仍在恪尽母职，努力阻止自己孩子陷入危险。圣安妮的眼神则更有深意，身为长者，她的眼神中带着看透世事的智慧，她知道玛利亚想要抱走小基督的动作是徒劳。圣安妮虽然洞悉一切，也知道玛利亚所做的一切都无补于事，但是从她嘴角的微笑以及她的手臂紧紧地放在腰上来看，圣安妮还是愿意给她的家人提供无条件地支持。

达·芬奇关注人的情感与动作，原因是他希望与看画的人之间形成一种互动，看画的人可以通过呈现出的画面，感受到画面中的人物心理感受与情感波动。或许达·芬奇就像是巴赫一样，他们的作品中都有着天才般的设计，但是更为重要的是，他们的作品中都充盈着丰沛的情感传递。

达·芬奇曾经画过多幅木版画，但是这幅《圣母子与圣安妮》确实是其中最复杂、也是层次最为丰富的一幅画。如果细看这幅画，不难发现，就好像是有月光投射到画面上一般，整幅画都笼罩着一层朦胧且柔和的薄雾。这幅画之所以被称为"列奥纳多的奇迹"，除了因为其严密的构图是空前的，也是因为炭笔在青灰色画纸上营造的这种朦胧感。另外，这幅画对于整个佛罗伦萨的艺术业产生了巨大影响，特别是米开朗基罗和拉斐尔都深受这幅画的影响。

3.5 缔造流量神话：《蒙娜丽莎》

"永远神秘，永远美丽。"

达·芬奇学会了灵活运用光与影的神奇魔法，他对人体构造相当了解，可以让油彩灵活地在画布上跳动，恰好丽莎夫人不是一个颇有身份的达官贵族，她可以配合达·芬奇进行艺术创造。一切都已经准备妥当，达·芬奇的一生大作《蒙娜丽莎》准备上场。这幅画开始的时间是相当早的，但是达·芬奇却断断续续花费了 16 年的时间进行绘制，甚至可以说直到达·芬奇生命终结的那一刻，这幅作品也未达到达·芬奇满意的水平。

将时间轴拉回 1503 年，达·芬奇刚刚回到佛罗伦萨不久，他的父亲上门，想让他接下这个委托。当时的达·芬奇想要直接拒绝这个委托，毕竟这个委托来得不

是时候。那位相当固执的赞助人伊莎贝拉彼时正在频繁联系达·芬奇，她试图凭借自己的恒心，获得一幅来自达·芬奇的肖像画。达·芬奇不堪其扰，哪里还敢再画一幅人物画像呢？况且，达·芬奇正畅游在自然科学与建筑学的海洋中，他现在根本不愿意分出精力，为另一位女士画什么人物画像。

当然，最终达·芬奇还是接下了这个委托，不管是出于两家的世交身份不好推托，还是因为丽莎的个人魅力，总之达·芬奇答应了这桩委托，命运的齿轮也正式开始转动（如图 3-8 所示）。

▶图 3-8 蒙娜丽莎 油画 77cm x 53cm 约 1503—1506 年 达·芬奇 法国巴黎 卢浮宫

达·芬奇选取了一块杨木画板，在上面涂上了一层厚厚的铅白色底漆，这种底漆也为这幅画中微妙又神秘的效果奠定了基调。光线照到画面上，会穿过那层薄薄的釉，照到底漆上然后再折返到观看者的眼睛中。多层次的釉面、不同的观看角度、不同的光源都会让这幅画不断变化，产生一种难以捉摸的微妙效果。

达·芬奇主动对光线进行调整，配合他的肖像画，以达到最好的效果。达·芬奇认为在阴天和黄昏时，那种略带阴沉的光线可以将人物的面庞照得最柔和精致。于是，达·芬奇在画《蒙娜丽莎》的时候选择将光线从左处射入，完美地画出人物的轮廓与阴影效果。

丽莎即便是没有戴着华美的珠宝，也没有穿着亮眼的华服，她的服装也不会被人忽视（如图 3-9 所示）。毫无疑问，这也与达·芬奇绘制的轻轻蓬起的衣褶子，受到光线照射，

▶图 3-9 蒙娜丽莎 局部图

最后产生明暗不一的效果有着莫大的关系。这是韦罗基奥工坊练习的成果，也是达·芬奇光线研究发展的成果。

当然，达·芬奇对于光线的灵活应用可以从一些小细节处看出。达·芬奇将《蒙娜丽莎》左眼的瞳孔相较于右眼来说，画得稍微大一点。但是这与光源不一致，按照光线从左侧射入来看，右眼的瞳孔应该较大才对。这是达·芬奇的小小失误，还是情绪引起的瞳孔扩张？这或许也是达·芬奇为我们留下的光线谜题，他不仅仅是善用光线创造其在绘画上的神奇效果，他还在利用光线传达着自己想要表达的内容。

正如达·芬奇在丽莎头上绘出的那层薄薄的纱，他在绘制这层似有似无的薄纱时，也将观众的视觉感受放大到极限（如图 3-10 所示）。画中的头纱相当轻薄，

如果不是前额处有条边缘线，观众几乎难以辨明这到底是光线的魔法还是丽莎本就头戴一条薄纱。仔细看丽莎的右耳处，这儿刚好有一部分被薄纱盖住，有薄纱覆盖的头发颜色明显浅于露出的部分，甚至薄纱的质感也被达·芬奇描绘得极好。

达·芬奇绘制纱的能力其实是毋庸置疑的，他早就有能力画出光线穿透纱的样子，只不过现在的达·芬奇早已完成了进阶：他将观看者的体验融入了自己的创作预设。

▶图 3-10 蒙娜丽莎 局部图

早在探究人体的奥秘时，达·芬奇就知道人类的眼睛其实没办法准确地将眼前所有的画面悉数感知。或者说，诸如线条的轮廓、锐利的角度其实不会让人产生特别的认知感受，人们会轻而易举地在大脑中快速完成一种转换：原本锐利的边缘处，大脑会将其优化，让其拥有仿佛被晕开了一般的柔和边缘。凭借这种规律，达·芬奇在绘制头纱时，谨慎地将其边缘处进行柔和化处理，画出如同蓬松慵懒的波浪纹理；他在绘制衣裙时，也没有忘记将轻轻蓬起的衣裙褶皱通通绘制出来。

达·芬奇曾经反复修改打磨，不断精雕细琢这幅画作，直至他觉得满意为止。

关于这一点，仅从一个细节就能进行论证：这幅画中的蒙娜丽莎到底是不是有眉毛呢？

瓦萨里曾经说过，达·芬奇对这幅画中蒙娜丽莎的眉毛进行了细致的描绘。但是，最终的成品是没有眉毛的。难道说是瓦萨里说了谎话？曾经艺术界对于这个问题也是争论不休，没有定论。还好有科技的帮助，在 2007 年经过高分辨率扫描后终于有了定论，蒙娜丽莎确实曾经有过眉毛，只是达·芬奇可能又将眉毛擦掉了，现在只有借助仪器才能看到一丝丝曾经留下的痕迹。

达·芬奇曾经为蒙娜丽莎画眉，又亲手将其擦去，只为了使画面呈现出最好的效果。达·芬奇这种精益求精的态度，外加他的超人天赋，必然会打造出一幅传世经典画作。但是，《蒙娜丽莎》的完成，只是它的起点，关于它还有太多的谜题，有太多的话题，这些都在将它推向流量的宝座。

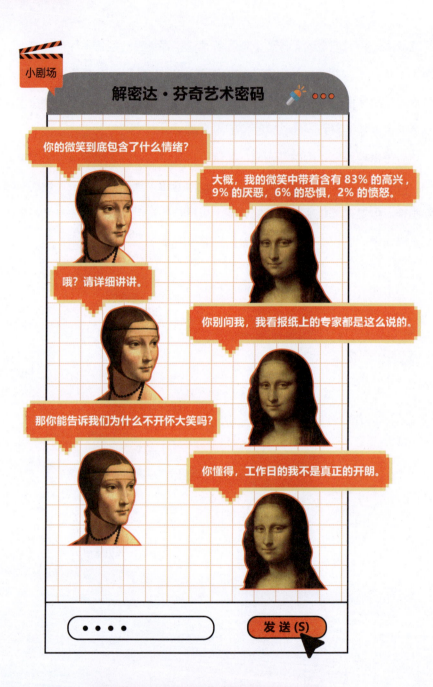

小剧场

解密达·芬奇艺术密码

你的微笑到底包含了什么情绪?

大概，我的微笑中带着含有 83% 的高兴，9% 的厌恶，6% 的恐惧，2% 的愤怒。

哦？请详细讲讲。

你别问我，我看报纸上的专家都是这么说的。

那你能告诉我们为什么不开怀大笑吗？

你懂得，工作日的我不是真正的开朗。

· · · ·

发送 (S)

见此图标 微信扫码 → 开启一场穿越时空的艺术与科技对话

▶蒙娜丽莎 油画 77cm x 53cm 约 1503—1506 年 达·芬奇 法国巴黎 卢浮宫

3.6 爱笑的女孩运气不会差
"世界痛吻我，我报之以歌。"

众所周知，《蒙娜丽莎》现在已经安安静静地存放在卢浮宫里，它受到了 3 层防弹玻璃的保护，它是一幅只可远观不可亵玩的珍稀画作。

之所以重重保护《蒙娜丽莎》，是因为一场惊世的盗窃案惊扰了《蒙娜丽莎》的安静微笑。

小偷是一名叫作佩鲁贾的技术工，他来到卢浮宫为名画安装玻璃罩。佩鲁贾来自意大利，他每天工作的时候都在思考一个问题：凭什么这些意大利画家完成的艺术杰作挂在法国？他越想越气，决定要纠正这个错误。他要选出一幅名画归还意大利。于是，他选中了面前的《蒙娜丽莎》，决定将这幅画偷出去。

佩鲁贾面对卢浮宫这样世界顶尖级别的博物馆安保，想要将《蒙娜丽莎》这样的传世杰作偷走，听起来似乎比登天还难，但是佩鲁贾做到了，并且差一点就把这幅画送回了意大利。

佩鲁贾是怎么做到的呢？具体的行动时间线如下：首先，他"精心"选定了作案时间。1911 年的一个周一，因为周一是博物馆的闭馆日，没有那么多游客走来走去。佩鲁贾相当注重细节，他乔装打扮成一名技术人员，混在若干工友中间，大摇大摆地走进了博物馆。佩鲁贾小心翼翼地趁保安外出抽烟时，抓住时机将《蒙娜丽莎》从墙上摘下来，快步拿到员工的楼梯间，取出这幅画后，大胆地带着这幅画原路返回卢浮宫门口，大摇大摆地走出去，坐公交车回到了自己的公寓。

是不是觉得哪里怪怪的？这哪有什么高深莫测的盗窃手段呀，这不过是一个卢浮宫的技工，趁职务之便，周一进入卢浮宫，大摇大摆地拿走了这幅画。佩鲁贾拿着这幅尺寸巨大的画作，正大光明走出卢浮宫而没有被拦下来，他上公交车时竟然也没有人觉得有异常。最奇怪的就是，当卢浮宫终于发现《蒙娜丽莎》消失了，居然在两年后才找到了佩鲁贾，而佩鲁贾在接受了一系列的听证后，最终却以有精神缺陷为由，被无罪释放了。

这个偷窃案似乎太过诡异，西方的报业对这件事情持续关注，从不同视角反复曝光，《蒙娜丽莎》被窃案连续多周霸占报纸的头条，这也为这幅画做出了巨大的宣传。于是大家开始将视线聚焦这幅画，发现了这幅画身上的更多神秘之处。

这次盗窃案让世界看向了这幅名画。

于是……

1956 年《蒙娜丽莎》首次被人损坏：

一名法国男人用石头击碎了卢浮宫的陈列玻璃，伤害了蒙娜丽莎的"左肘"。博物馆在进行修复后，正式为《蒙娜丽莎》配备防弹玻璃，并且严加保护。《蒙娜丽莎》选择微笑面对伤害。

1974 年，《蒙娜丽莎》在东京遭遇意外：

《蒙娜丽莎》前往东京国立博物馆"出差"，在一次展出时，一位残疾人将红油漆泼向了它。博物馆安保人员控制了这位袭击者后，袭击者交代他之所以这么做，是因为博物馆没有设立专门的残疾人通道。人红是非多，《蒙娜丽莎》露出了招牌微笑回应此事。

2009 年，《蒙娜丽莎》惨被投掷陶瓷杯：

一名俄罗斯妇女因为无法获得法国公民身份，所以她愤怒地将马克杯摔向《蒙娜丽莎》。不过，她的行为算得上是迁怒了，毕竟这幅画是出自意大利人之手，无论是这幅画还是丽莎本人，均未获取法国公民身份。《蒙娜丽莎》仍然选择笑笑了事。

虽然这一次马克杯与防弹玻璃对决，以马克杯粉碎作为故事的终结，《蒙娜丽莎》只受到了惊吓，并没有受到实质性的伤害。但是卢浮宫的工作人员不敢轻慢这幅画，他们还是选择增加防弹玻璃层数作为防护。毕竟，每年有约 600 万游客专门来到卢浮宫博物馆，想要看到这幅《蒙娜丽莎》。

似乎有一个奇妙的魔咒，每隔一段时间，《蒙娜丽莎》就会遭袭，世界的目光就转向它。不管是这幅画本身的神秘面纱还是这幅画身上发生的那些奇妙故事，抑或是那些绘画达人的发挥，高强度的曝光量让这幅画热度不减，它逐渐成为名画中的顶流。

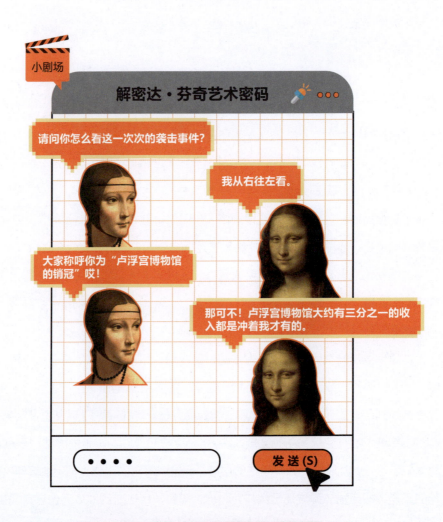

 见此图标 微信扫码 开启一场穿越时空的艺术与科技对话

3.7 神仙打架：《安吉里之战》
"老夫就是受不得激将，来战！"

　　1504 年的佛罗伦萨宛如一个艺术大舞台，有能耐你就可以来。一位位艺术家纷纷拿出自己的看家绝活儿，迫不及待地为这个艺能充沛的时代添砖加瓦。

　　说起添砖加瓦，佛罗伦萨的参议会打算重新装饰维基奥宫市政会议大厅，于是打算聘请当时已经 51 岁的绘画老将出山，完成一幅壁画，装点门面。

　　这是一篇命题作文，题目就是记录 15 世纪 40 年代初的一场战争，这是一场佛罗伦萨贵族军队与伦巴第贵族军队之间的战争，佛罗伦萨的贵族军队最终取得了胜利。佛罗伦萨当局想要将这一功绩完整记录，将军功章挂在市政大厅的墙上。

　　对于达·芬奇来说，这当然是一个相当有压力的工作，同时这也是一个好机会。毕竟每位艺术家都希望自己的作品可以永存，成为壁画，或许这就是一个不错的机会。

　　这件事情一经传出，立马就吸引了一个艺术界新秀的注意力。29 岁的米开朗基罗已经凭借《大卫》雕像崭露头角，他想要跟已经声名远播的达·芬奇一争高下。米开朗基罗听说达·芬奇已经接下这个委托，他便找到了佛罗伦萨的参议会毛遂自荐，想要争夺这个机会。然而，参议会却考虑到米开朗基罗是一名雕塑家，而专业的事情要让专业的人做，既然已经有知名画家达·芬奇愿意完成壁画，自然就无须米开朗基罗再插手了。于是米开朗基罗的希望落空。

　　米开朗基罗相当执着，即便是被拒绝了，也不沮丧。他坚信，优秀的作品能打动人心。

　　三天后，米开朗基罗带着壁画草图再次找到了参议会，并且提出壁画的报酬只要达·芬奇报酬的三分之一。物美价廉的作品果然立马打动了参议会成员的心，米开朗基罗获得了对面墙壁的绘制权，这场文艺复兴之战正式打响！于是，在 1504 年佛罗伦萨的大街小巷中，头号热门话题就是"国民老艺术家和新锐雕刻家的世纪

▶图 3-11 安吉里之战 壁画 85 cm x 115 cm 1503—1505 年 达·芬奇 意大利佛罗伦萨 乌菲兹美术馆

对决"。这场两位艺术家在故乡的正面对决，是由年轻的米开朗基罗主动发起的，但是这不意味着达·芬奇就小看了这个年轻人。

达·芬奇这位"拖延艺术家"向来是奉行大脑先行，反复推敲，因此他的交付工期也总是拖了再拖。这次，达·芬奇面对来自米开朗基罗的挑战，破天荒地在1505年就上交了《安吉里之战》的素描全稿（如图3-11所示）。

《安吉里之战》呈现的画面是战争的残暴与混乱，观赏者仅从静态的画面中就能清晰地感受到战争的激烈程度。达·芬奇对于战争细节的刻画相当详尽，这幅画充分描绘了战场的野蛮、凶残与激烈。

米开朗基罗的《卡希那之战》则反其道而行，选择绘制在亚诺河上洗澡的士兵，接到战争的号令后，战士们雷厉风行地行动（如图3-12所示）。

图3-12 卡希那之战 摹本 77cm x 130cm 1504—1506年 米开朗基罗

不管是《安吉里之战》还是《卡希那之战》，如果能留存至今都会是惊世之作，但是如同宿命一般，这两幅壁画最终都没能保存下来。

《卡希那之战》没来得及上墙，因为米开朗基罗被叫去修建教皇的陵墓，自然没能完成壁画工作。更加令人痛心的是，甚至那幅素描的草图也没有被完好地保存，后人只能凭借一些残存的碎片以及一些摹本窥见一二。

相较而言，《安吉里之战》这幅壁画则有着更加悲惨的遭遇：艺术大师达·芬奇在颜料中创新性地添加了蜡油，结果蜡油迟迟未干，达·芬奇叫人拿来火盆烘烤。于是，在所有人的见证下，这幅壁画一滴滴地熔化了。总之，拜粗糙的涂底材料和失败的烘干法所赐，这幅壁画刚刚上墙就开始接受地心引力的影响，它一点点脱落，最终也没能保留下来。

3.8 战斗名场面的养成记
"达·芬奇老师开课啦！如何以战争主题的壁画，突出自己的反战立场？"

如果完全按照佛罗伦萨政府的意愿，这幅《安吉里之战》是为了歌颂那场战争的胜利，达·芬奇需要将胜利一幕加以还原。但是达·芬奇不愿意做没有灵魂的绘画工匠，所以尽管达·芬奇知道甲方的意图，他还是选择了将这幅壁画的主题定为"反对非正义的战争"。

那么，这幅《安吉里之战》又是怎么顺利通过了参议院的审核的呢？就请各位结合这幅名画找到这个答案吧（如图3-13所示）。

▶图 3-13 安吉里之战 局部图

▶图3-14 选自达·芬奇手稿

关键词一：战争大场景

战争大场面很容易被画得杂乱，或者失去了战争恢宏的场面感。达·芬奇抓住了战场上的杂乱场面，画出了人在战马上将地面上的土轻易搅起来、尘土与空气混合在一起的样子（如图3-14所示）。尘土受到人和马的动作影响，较高处的尘土与空气混合，细小的尘土会随风飘散。尘土不会改变空气的颜色，但是在低处，马的动作幅度大，有时候升腾的烟雾会与尘土混合，在光的照耀下，比不受战马影响的另一侧更加明亮。

关键词二：格斗者

在这种烟炮与战马将地面上尘土卷起的战争大场景下，其中的格斗者又该被怎样加以刻画呢？

首先，烟雾，尘土，混杂的战场局势，这些元素都会导致人们难以看清楚格斗者的真实面目（如图3-15所示）。

格斗者靠近地面的小腿处颜色一定是相当暗淡的。临近有着厚厚尘土的地面，人们却只能看清楚地面上有着马匹跨步留下的痕迹，地面附近的尘土几近看不清楚。飞快射出的炮弹后面仍然拖着一条烟带，画面上所有的战士脸上头发上都落满了尘土。战士们正在冲向前方冲刺。作为胜利的一方，战士们虽然身上充斥着战争的痕迹，但是战士们表情是坚毅的，动作是果决的。

画面中的士兵都紧皱眉头向前冲刺,身体上佩戴之物都向后飘扬,四肢动作表现出不断冲刺的样子,符合战场上的动作。战场中有人已经倒下,身上带着血迹与污渍,身边有着人和马拖行的痕迹。

关键词三:反战主题

当然,达·芬奇的绘画主题是反战,达·芬奇想要将自己反对战争的目的呈现在画中。于是,他将整个战争那种血脉偾张的场面、剑拔

▶图 3-15 安吉里之战 局部图

弩张的时刻一一绘制出来。在这个战场上不仅仅是人在疯狂厮杀争取战争的最终胜利,即便是战马,似乎也理解了战争的含义,它们也知晓自己必须在斗争中获得胜利(如图 3-16 所示)。于是在达·芬奇的画中,所有的人和战马都在疯狂争斗,都在仇视着对方。战场上遍布着已经破碎的长矛,盾牌,盔甲,这些战士们身上全是伤痕。

表现战争残酷性的画面更能突出达·芬奇的绘画主题:虽然最终获得了战争的胜利,但是这个过程还是相当曲折的。当其中一名骑士一不小心从战马上落下,在他旁边的士兵已经持好盾牌准备从他身边落荒而逃。

▶图 3-16 安吉里之战 局部图

战马痛苦难言的动作、战士脸上疯狂的表情，似乎突破了一幅画的束缚，让这幅画仿佛有了声音（如图 3-17 所示）。两匹战马已经两头相抵，相互撕咬，战争的残忍与血腥跃然纸上，达·芬奇将战争的残酷与暴虐通过对这些细节的刻画一一呈现。

▶图 3-17 安吉里之战 局部图

3.9 超级身价的《救世主》
"珍宝曾经蒙尘，还好现在价值连城。"

《救世主》身上有各种标签，这令它十分特别。

这幅画与其他画的风格似乎都不一样，看起来好像是一幅恶搞图片。虽然主人公是耶稣，但是与达·芬奇其他作品中，耶稣那种充满神性的感觉大相径庭。

这幅画中，耶稣身穿蓝袍，脸上带着自然平和的微笑，睿智的双眼平和地看向世人，他右手食指与中指交叠，做出给予祝福的手势；左手托举水晶球，似乎正准备为人类祈福。

这幅画是委托人为路易十二的皇家私人定制系列作品之一。这幅画的创作时间与《蒙娜丽莎》的时间差不多，这两幅画的命运也是相似的。

达·芬奇在 1500 年前后为路易十二创作了耶稣系列组图，在达·芬奇完成系列作品后，这些作品就开始了它们的奇妙冒险之旅。

1625 年，这组作品跟随亨利埃塔·玛利亚嫁到英国，这些画作正式开始在英国行走。这幅《救世主》开始在英国的王宫中被不断转手，一直到 1763 年，白金汉宫被拍卖，这幅画也顺势走上了拍卖台。

然后，这幅画，就足足消失了 100 多年。

1900 年，《救世主》封印期满，该重见天日了。什么？它已经不像是原来那样完好，现在的它已经充满伤痕，甚至有人怀疑这不是达·芬奇的作品，认为这只是一幅由达·芬奇的弟子绘制的"致敬作品"罢了。

《救世主》这幅画的身份蒙上了一层意味不明的含义，这幅画也被蒙上了一层层的油彩。

1958 年，《救世主》第一次出现在拍卖会上，很可惜，这时它的身价仅为 45 英镑（大约等于人民币 395 元）。尽管它被拍下来了，但是这幅画辗转流离的命运还在继续。

2005 年，最佳捡漏人出现。

一位美国的年轻人以 1 万美金的价格购入这幅画，当然他以为这是一幅赝品，是准备买回去自己欣赏的。还好，虽然这位捡漏王不太懂艺术，但是他遇到了古典艺术专家罗伯特·西蒙，在专家的帮助下，作品被送去纽约大学进行 6 年的清洗与鉴定。最终在 2010 年，这幅画被认定为达·芬奇真迹。

于是，这幅画开始身价暴涨！

2013 年，一位瑞士画商以数千万美元购得此画，随后将其转手至一名俄罗斯收藏家，成交价过亿美元。该收藏家因对价格存在争议，随后对画商提起诉讼。

2017 年 11 月 15 日，《救世主》在纽约佳士得拍卖行经过短暂竞价，最终以创纪录的价格成交，成为当时市场上备受瞩目的焦点。

救世主 油画 45.4 cm × 65.6cm 约 1490—1519 年 达·芬奇 私人收藏

3.10 艺术与美：《救世主》
"艺术吗？美吗？是的！"

达·芬奇的《救世主》与其他作品不同，达·芬奇的作品大多数是被博物馆收藏的，但是这幅画却成了达·芬奇唯一一幅进入收藏市场的真迹。

那么，《救世主》这幅画除了主人公身份不一般，又有什么特别之处呢？拿出放大镜，一块儿细细探探（如图 3-18 所示）。

▶图 3-18 救世主 局部图

《救世主》这幅画跟达·芬奇惯用的四分之三侧面的画法不一样，这幅画采用传统的对称正面构图。还记得那位固执的伊莎贝拉女士吗？她想要的就是这样的正面构图方式。达·芬奇当时不愿意给伊莎贝拉女士画正面肖像的主要原因，就是因为这种肖像没有什么突破性，达·芬奇提不起兴趣。但是，达·芬奇采用正面对称的构图方式画了这幅宗教画，同时画上了向前方直视的神秘眼神，耶稣的神秘微笑乃至整个画面都覆盖着一层淡淡的朦胧之感。

传统的画作中，耶稣身上往往被冠以皇冠或者是金色的光环，这代表了耶稣独特的神性。但是，达·芬奇笔下的耶稣更像是一个传统意义上的人类，他身上没有神的光环，只有深褐色的胡须与幕布一般的卷发。当然，这不是说达·芬奇将耶稣画成了一个普通人，只是在达·芬奇的笔下，耶稣目前还是一个普通人类的肉身，但是观者从耶稣的手势和慈爱的眼神中都能感受到耶稣的超俗光辉。

《救世主》和《蒙娜丽莎》创作的时间相近，所以两幅画给观看者带来的视觉体验相当类似。细看整幅画，耶稣处于一种较为黑暗的阴影中，黑色将人物的庄重与神秘感拉满。当然，达·芬奇擅长用烟雾法绘制出更为朦胧的场景氛围，眼睛与嘴巴的模糊感营造出神秘莫测的感觉。耶稣的嘴角好像带着淡淡的笑容，又好像只是在淡然看着这世间的一切，没有微笑，这微笑好像随时随地都在发生变化。耶稣的眼神也是如此，他好像在坚定地看着远方，又好像只是在看着近处的观画者——他的眼神意味不明。

如果说《蒙娜丽莎》最令人在意的肯定是那抹神秘的微笑，那么《救世主》到底要看什么？将镜头聚焦《救世主》的两根手指，这两根手指可是大有看头（如图3-19所示）！

▶图3-19 救世主 局部图

耶稣右手的手势有着赐福世人之意，其中的两根手指相较于耶稣面部似乎距离观众更近。不得不说，这就是达·芬奇光学研究的成果之一：画家可以将前景的物体画得更为锐利，打造出三维纵深的视觉效果，观画者也会自然而然感知到其中两根手指距离更近。

达·芬奇了解光学秘密，同时他也能将光学的美放大，让每一位观众看得清楚。

《救世主》中，耶稣左手托举着一个水晶球。水晶球有着象征意义，水晶球仿佛可以传递世界之光，水晶球代表着王权与神权。球状的白水晶是一个天然的大透镜，透镜可以起到放大或者是产生颠倒画像的作用。但是细看这里却没有发现这种透镜的效果，这是达·芬奇忘记了这个透镜的效果吗？不是的。在这里着墨过多会影响整幅画的平衡感，这不是达·芬奇愿意看到的。水晶球上的瑕疵可以被看得一清二楚，但是水晶球没有起到透镜效果，既反映出达·芬奇高超的画艺，又反映出达·芬奇对于画作的整体把握的全局意识。

细看耶稣的衣服，也很有意思。耶稣的右肩，有一块带着褶皱的痕迹，这好像是一块伤口一样。如果熟悉耶稣的故事就会知道，耶稣的右肩曾经被罗马士兵用长矛刺穿，留下了永恒的伤口。但是正是在这个伤口的附近，达·芬奇在两条肩带交叉点上，绘制了八角星。八角星代表了耶稣复活的八种可能性解释，这代表了耶稣的永生，这条肩带也可以被称为"永生的披肩"。甚至达·芬奇还为耶稣的衣服创造了专属的编织设计，这种编织最终可以形成一条完整的金线，这也代表了永恒的含义。

3.11 定格名场面——约翰一指

"举起手来，做出你的招牌动作，他的目光会被你掌握。"

达·芬奇的晚年始终将一幅画带在身边，不断完善。这是一幅怎样的画作呢？达·芬奇绘制这幅画更像是满足自己的个人喜好，而不是完成某种必须的工作。

一片黑暗的背景中，圣约翰左手持着一个十字架，右手的食指向上指天，脸上带着意味深长的笑容。圣约翰的笑容与众不同，带着一丝狡黠之意，这不是"蒙娜丽莎"式微笑（如图 3-20 所示）！

▶图 3-20　施洗者圣约翰　局部图

或许，圣约翰的神秘微笑之下隐藏了他对未知的迷茫与徘徊。

圣约翰的头发很长，与其他画作不同，圣约翰那一头如海藻一般卷曲茂密的长发，与漆黑的背景形成对比，在达·芬奇的笔下，圣约翰的头发为这幅画增添了一种"浮雕感"。

达·芬奇习惯为他的每幅油画都涂抹上半透明的薄釉。达·芬奇的上釉过程往往是不疾不徐的，他担心自己过快的上釉速度，会影响一幅画的呈现效果。而且，达·芬奇或许也意识到这将是他的最后一幅作品，他的上釉过程以格外缓慢的速度进行，这也使最终呈现出的是一幅画面朦胧、明暗过渡自然的作品，这幅画万分细腻。

在这幅被朦胧笼罩着的油画中，有一处格外清晰，那就是圣约翰的手指（如图 3-21 所示）。达·芬奇将圣约翰的食指与中指的轮廓线描绘得格外清晰，与圣约翰的其他部位有明显的区分。这不是达·芬奇的风格，这倒像是米开朗基罗的风格。

120

▶图 3-21 施洗者圣约翰 油画 69cm x 57cm 约 1515 年 达·芬奇 法国巴黎 卢浮宫

关于达·芬奇到底为什么将这两根手指画得如此清晰，艺术界到现在也没个定论。有一种说法是达·芬奇受到了米开朗基罗的影响，才将人体中的一部分绘制得宛如雕塑一般。两位文艺复兴大师相爱相杀，相互学习，这样的故事的确颇具浪漫主义色彩，也能博人眼球。但很可惜，这不是事实，也说不通。毕竟，达·芬奇要是学习的话，可以学习得更多，达·芬奇为什么只学习了这两根指头就止步了呢？

还有一种说法，就是达·芬奇本来没将这两根手指画得如此清晰，只不过后人对这幅画进行修复的时候，产生了小小的失误。这猛地一听很合理，嗯，名画嘛，遇事不决怪修复嘛！都怪修复的人失误，才改变了达·芬奇原本的绘画风格。

但是，仅有一次失误还说得过去，如果类似的"失误"一再出现，恐怕就要仔细思量一下：到底是修复犯了错，还是大师的刻意塑造？

早在那幅身价不菲的《救世主》中，达·芬奇就曾经将基督赐福的那只手画得格外清晰。在《施洗者圣约翰》中，圣约翰食指与中指的轮廓界限也相当明显（如图 3-22 所示）。这，分明就是有意为之。

看来，如此清晰的手部动作不是意外，恐怕来自大师的刻意塑造了。

达·芬奇应用了他的隐没透视理论：更加清晰的手部线条会超越线条柔和的手臂，让观看者感觉距离更近。就好像是圣约翰的手指即将突破画面，向观看者伸出来一般。

毫无疑问，这向天空指的动作，令这幅画区别于其他画作。圣约翰此刻正身处于茫茫黑暗，似乎身处于无尽的苦难之中，但是他坚定指向的天空——耶稣即将降临的方向。

这一切正如达·芬奇此刻所处的迷思一般：真理的来处与归向究竟是何方？

▶图 3-22 施洗者圣约翰 局部图

第四章

定居法国
终成六边形战士

- AI艺术向导
- 天才实验室
- 画作解密课
- 手稿档案馆

扫码揭秘 **达·芬奇** 艺术密码

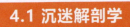

4.1 沉迷解剖学
"我喜欢你的头。"

达·芬奇逐渐不满足于对人的模糊认知，他好奇于人体的复杂性，于是决定"深入"了解人体结构究竟是怎样的。这种"深入"是物理意义的深入。没错，达·芬奇拿起医用剪刀，剪开了遮挡人体结构秘密的那层皮肤，达·芬奇与解剖的故事就此开讲。

当达·芬奇还在韦罗基奥的工坊打工时，他就对人的"本质"充满了好奇。

人到底是怎么微笑的？
人的表情是由肌肉操控的，还是骨骼操控的？
人到底怎样依靠微小的表情变化来表达情绪？
……

达·芬奇终其一生都像是一个充满好奇心的孩子，不断探索自己尚不了解的知识。关于探索人的本质何在这个问题，早年的达·芬奇就已坚信，画人体时需要先将骨骼轮廓画出来，然后再添加发力的肌肉，再把皮肉覆盖在最外层。

出于绘画需求，达·芬奇开始不断在自己的笔记上记下：我想要成为一名优秀解剖学家。但是早年的达·芬奇只是不断地在提问，在与真正的解剖家建立联系，一直到 1498 年，达·芬奇第一次有机会探秘真正的人体。

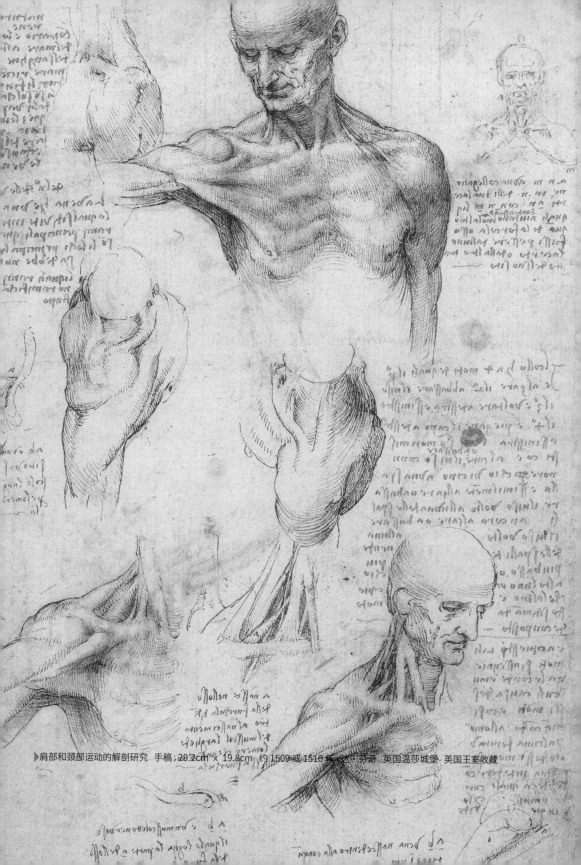

肩部和颈部运动的解剖研究 手稿 29.2cm × 19.8cm 约 1509 或 1510 年 达·芬奇 英国温莎城堡 英国王室收藏

1498 年，对于达·芬奇来说可以说是相当幸运的一年。在这一年达·芬奇意外获得了一个"礼物"：一半被切割的头骨和散落的牙齿。当然了，对于一般人来说，这种相当可怖的东西，算什么礼物？达·芬奇却在对这个头骨深入研究之后得出了意想不到的结论（如图 4-1 所示）。

达·芬奇精准地画出人类的 4 种牙齿，他甚至连人类牙齿的根部也画得相当精准。达·芬奇如果不是一名文艺巨匠，工程师，数学家，物理学家，……他差点就成为牙科学的先驱鼻祖。

达·芬奇对于头骨的绘制还是起于画画的需要，但是他笔记中出现的那些关于母体中胎儿的随笔，就与画画的关系不大了（如图 4-2 所示）。

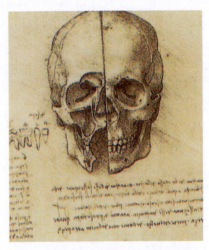

▶图 4-1 颅骨切片 手稿 19cm x 13.3cm
1498 年 达·芬奇 英国温莎城堡 英国王室收藏

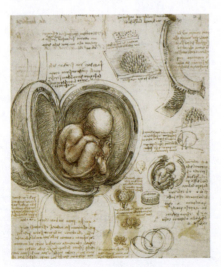

▶图 4-2 子宫里的胎儿 手稿 30.4cm x 22cm
约 1510—1513 年 达·芬奇 英国温莎城堡 英国王室收藏

种种原因，让这位曾经的解剖好手暂时隐姓埋名，暂退江湖。

这一退，就是 10 年。

10 年之前，达·芬奇不认识那位老人，那位老人也不认识达·芬奇。

10 年之后，达·芬奇见到了这位躺在解剖台上的老人，达·芬奇笑着和他问候，只可惜没得到回应。

在 1508 年的佛罗伦萨，达·芬奇作为一位出名的画家，来到了解剖台前，准备开始解剖。达·芬奇即将解剖的这位老人，在几个小时前，还在与达·芬奇融洽交谈，老人告诉达·芬奇他年近百岁，却从未得病。

达·芬奇对这位安静离世的老人自然充满了好奇，于是在他运用自己相当精巧的画画技术，帮助这位老人留下了最后的肖像后，紧接着就迅速拿起来解剖刀，灵巧地展示了他的解剖技术。达·芬奇在完成解剖后，为这位百岁老人留下了相当优美的解剖图，解剖图上包含老人的器官与四肢。

1508 年到 1513 年，在这一段时间，达·芬奇醉心于研究解剖学。可以说，达·芬奇对于解剖的研究始于绘画需要，但是他的解剖研究没有止步于绘画，甚至因为他拥有旺盛的好奇心，逐渐走向了医学研究的方向。比如，达·芬奇在解剖这位百岁老人的过程中，记录了动脉硬化的形成过程，这是一项重大科学发现，是达·芬奇为医学事业特别是心脏病学的发展作出的突出贡献。如果不是因为马尔坎托尼奥死于 1511 年，达·芬奇缺少了这位解剖路上支持者的陪伴，说不定，达·芬奇可以在晚年发表一本带插图的解剖专著。

达·芬奇在 1508 年再次开启解剖学研究前，曾经列下了解剖工具清单，除了眼镜、刀子、纸张等常规工具，他还专门写道：需要一颗头颅。

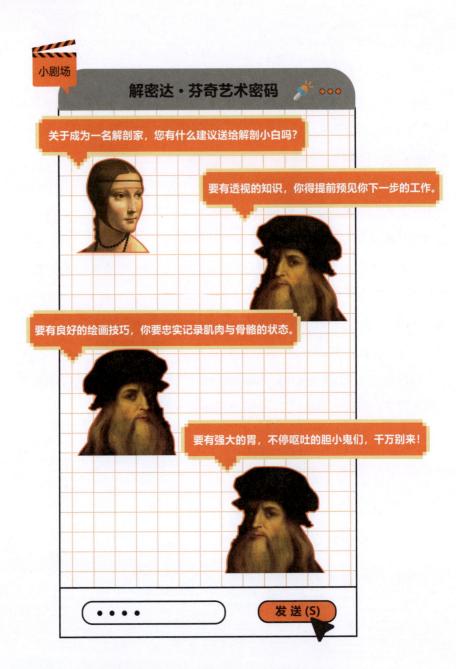

4.2 达·芬奇的自画像

"当英俊的美男子老去……"

达·芬奇年轻的时候，八尺有余且形貌昳丽，走在大街上甚至可以向路人问一句：

"吾孰与城北徐公美？"

达·芬奇长相帅气，是所有达·芬奇的研究者们公认的，毕竟那尊韦罗基奥的《大卫》，听说就是以达·芬奇为原型雕塑的。

美人迟暮令人哀叹，但是智者变老则会变得更加睿智，那么达·芬奇变老后是什么模样呢？

关于达·芬奇老年的模样，我们似乎可以从他的几幅肖像画中一探究竟（如图4-3所示）。

▶图4-3 老人与水研究 约1513年

这是达·芬奇 1513 年在笔记上面留下来的画像。一名老人佝偻着背，拄着拐杖，眉头紧锁，好像在沉思什么。老人似乎略显疲惫，眼神盯着远方，嘴角下沉，突出的鹰钩鼻让人分外在意。

等等，这真的是达·芬奇吗？这真的是一名 60 岁老人的画像吗？是不是过于衰老了？

这是当今达·芬奇的研究者们不断争论的一个问题。这幅画像的确是出现在达·芬奇的笔记上，但是这看起来并不像是一位 60 多岁的老人，而是似乎更加苍老。这难道是达·芬奇画的别人，还是说达·芬奇的确在 60 多岁的时候就已经提前衰老？

这幅创作于 1512 至 1518 年的画，或许能让我们找到答案（如图 4-4 所示）。

与前面那幅画像不太一样，这幅画像旁边就写着"列奥纳多·达·芬奇"，指向明确，不需要再重新辨认，这就是达·芬奇本人。

这幅画看起来很眼熟，非常眼熟，在哪里见过呢？哦，似乎古典时代的圣贤就是这副模样。

的确如此，这幅画是年长的圣贤模样。年迈的达·芬奇须发飘飘，给人一种智慧超然的印象。他的长卷发垂散在肩上，白色的胡须与

▶图 4-4 列奥纳多·达·芬奇 1512—1518 年

头发，似乎代表了他的智慧随着年龄的增长不断增长。相较于以前的那幅达·芬奇的亲笔画，这幅红粉笔肖像中，老人的鼻子仍然相当突出，但是没有了鹰钩鼻的样态。当然了，虽然这幅粉笔画像中的人物是一名老年人，但是显然这名老年人脸上几乎没有皱纹，眼神中更是迸射出智慧的光芒。

对，眼神睿智的老者，这恐怕就是老年达·芬奇的真实写照。

当然，达·芬奇自己绘制的《都灵肖像》（如图 4-5 所示），定义了一般人印象中的达·芬奇模样。

▶图 4-5 都灵肖像 素描 33.3cm x 21.3cm 1512 年 达·芬奇 意大利 都灵皇家图书馆

这幅画像中的人物并没有紧紧盯着某处，就像是找不到镜头中心一样。但是，正是这种独特的设计，让人物的表情变得复杂又丰富，正如达·芬奇本人那般神秘莫测，让人难以捉摸。

眼神睿智，须发飘逸，鼻子坚挺，……这些元素构成了 16 世纪达·芬奇的肖像形象。在一幅存于佛罗伦萨乌菲兹美术馆的达·芬奇肖像画中，人物还戴着这样一顶布帽（如图 4-6 所示）。

这是达·芬奇中老年的真实模样吗？没有人能够回答。

▶图 4-6 达·芬奇的自画像 油画 1490—1500 年 意大利佛罗伦萨 乌菲兹美术馆

4.3 水生万物：水流、卷发与波的传递
"水流与卷发类似，都有漂亮的漩涡。"

还记得达·芬奇在青年时与他的老师一起合作的那幅画吗？那幅让韦罗基奥直接封笔的《基督受洗》，达·芬奇在小天使的头上画出了柔软卷曲的发丝，这也成了达·芬奇画头发的专属喜好。《持康乃馨的圣母》中的圣母是卷发，《丽达与天鹅》中的丽达是卷发，《救世主》中的耶稣是卷发，……达·芬奇确实对这种螺纹有着偏爱。

1508 年，达·芬奇完成了一本专著——《莱斯特手稿》，这也是他难得写完的专著，而不是只停留在他的头脑中。

打开这本专著，首先可以看到的就是达·芬奇对于水的种种描述。达·芬奇热爱观察有关水的运动，他好奇的不仅仅是水流能产生出怎样的动能，甚至对于从管道中喷涌而出的水所产生的涡流，他也充满了好奇。

达·芬奇曾经多次在手稿中绘制水流的涡漩，为了效果更好，他投入了极大的心血在水流研究上（如图 4-7 所示）。达·芬奇对于水流的研究与他对于人体解剖和对飞行研究的经历类似，起初是服务于艺术创作的，后来则是单纯沉浸于研究的快乐。

河流中的水在不同深度是不是具有不同的流速？

河水为何会产生不同的涡流？

水的侵蚀作用是如何产生的？

▶图 4-7 女子头发的习作 手稿 20cm x 16.2cm 约 1504—1506 年 达·芬奇 英国温莎城堡 英国王室收藏

达·芬奇是非常喜欢水流所产生的美感的。达·芬奇在《基督受洗》中，不仅仅将他最爱的螺旋画到小天使的头发上，还将流经基督脚面的水流画了出来（如图 4-8 所示）。

达·芬奇甚至尝试运用小米、树叶、水杯等工具设计水流实验，测试他的猜想是否正确。他敏锐的观察力让他看到了水流的无限可能。

▶图 4-8 基督受洗 局部图

他注意到水流会产生变幻多样的漩涡，也注意到水流被阻挡时会发生不同的变化，这时他提出了冲力和撞击。

达·芬奇意识到了水流是存在惯性的，即便他没有像牛顿那样以惯性命名并且加以定义，但是我们仍然能够从《莱斯特手稿》中和达·芬奇的笔记中看到他对于水流惯性的研究。

在《莱斯特手稿》中，达·芬奇整整画了 14 幅草图，来描绘各种不同的障碍物对于水流产生的不同影响。现在被收藏在温莎城堡中的一页残存的笔记，忠实地记录了达·芬奇对于水流过障碍物后形态变化的研究（如图 4-9 所示）。

这些草图中的水流涡漩，几乎与达·芬奇画的头发螺纹是一模一样的！在达·芬奇的眼中，卷发与直发是相当不同的，卷发似乎也在做着运动：一种运动与卷发的重量有一定的关系，一种运动与卷发的方向有关。卷发的运动和水流的运动是紧密相连的：水会产生涡漩，可能是因为水的不同冲力导致，也可能因为水流受到障碍物影响产生了次要水流和回流。达·芬奇拿到了卷发与水流联系大门的钥匙，他狂喜。

当水流被迫从原来的轨迹偏移，前往另外一个方向，这到底会产生怎样的漩涡呢？达·芬奇给出了可能的解答：水流会按照既定的路线前进，但是在遇到障碍物后，水流受到了撞击力，它便开始以一种弯曲和螺旋的方式前进。当然，达·芬奇很快意识到，不仅水可以形成水流涡漩，当空气受到阻碍的时候，同样会产生空气涡流。

▶图4-9 选自达·芬奇手稿

南美洲热带雨林中的一只美丽蝴蝶，轻轻扇动两下翅膀，或许可以在两周以后带来一场美国得克萨斯州龙卷风。蝴蝶在扇动翅膀时，产生了低气压区，必然会带来空气中的涡流。或许，水流在以一种波的形式进行运动；或许，不只是水流，空气，声音，光，就连人的情感都是以一种波的形式在进行传递。达·芬奇的《最后的晚餐》，就像是水波一般，画作以耶稣为风暴中心，叙事的情绪是按照波的形式加以传递的。

4.4 自学成才的魅力
"如何从教科书中快乐地走出去？"

达·芬奇作为私生子黄金时代出生的私生子，他没有进入一般的学校接受正统的学校教育。但是，达·芬奇并没有感到悲伤，相反，他对于自己从实际经验中获得知识与技能的本事，颇为自得。

达·芬奇曾经很得意地表示过，自己拥有一种自学成才的才能。

15世纪90年代，达·芬奇自学之路的转折点来临。

曾经的达·芬奇信奉所有的知识都可以从生活经验中获得，他甚至还大肆抨击那些沉迷于经典的人。

达·芬奇开始自学拉丁文，他一边拿着卢多维科小儿子的教科书反复研读，一边在笔记上反复抄写拉丁文单词。

没有人可以在背单词的时候脸上挂着笑容，即便是达·芬奇也不行。

在达·芬奇的一页笔记上，除了有130多个拉丁文单词，在这些反复抄写的单词中间，还夹杂了一个老年人头像。这个头像既不能算是漫画，也不能算是什么有趣的随笔，这就是达·芬奇一次情绪失控的发泄。

毕竟，相较于达·芬奇曾经画过的那些老人头像，这一幅，除了相貌丑陋，还显得怒气冲冲，再结合他越写越潦草的笔记，大致可以猜出，达·芬奇在此刻应该是出离愤怒了。

另外，从达·芬奇所有的笔记来看，他大部分时候还是选择用意大利语书写。看来，他的拉丁语学习之路相当不顺利了。即便达·芬奇的自学之路曾经出现过小坎坷，但是他依旧是一名当之无愧的自学天才。

15世纪80年代末期，达·芬奇的藏书列表中仅有5本书，但是到1492年，他的藏书列表已经激增到40余本。不仅是数量上的变化，他阅读的图书类型也拓展到天文学、数学、音乐、机械、阿拉伯人的物理学等多种学科。1504 年，达·芬奇又增加了 70 多本藏书，他涉猎的阅读种类中，又增添了建筑著作、文学作品、宗教书籍等类型。

达·芬奇不再仅仅依赖于经验带来的知识，他也从书籍中汲取着智慧，同时尝试通过向他人提问，学习新的知识。

达·芬奇的笔记可以证明达·芬奇在不断地学习，在不断地成长（如图 4-10 所示）。达·芬奇习惯于从经验中获得规律，再通过推理获得这些规律背后蕴藏的真正动因。

达·芬奇在对透视进行研究的时候，意识到了经验与理论结合的重要性。达·芬奇经过观察意识到了距离与物体大小之间的比例关系，他又不断验证这种比例关系的准确性。达·芬奇甚至比伽利略早一个世纪，就成为应用实证法的典范。当然，达·芬奇还有一种更加有效的方法，帮助他打开自然科学的大门，那就是类比。达·芬奇坚信，自然是具有一定统一性的，于是他带着观察万物的眼睛、敏锐的直觉与纸笔工具，穿行于不同学科领域寻找其中的联系。

达·芬奇将湍流而过的漩涡与笔下的卷发相联系，他在画心脏延伸出的血管网络时，也不忘在旁边画上一枚等待发芽的种子。达·芬奇也曾将人类发声用的咽喉与竖笛演奏进行类比，当他参与米兰大教堂的塔楼设计时，他也不忘将建筑师和医生这两种职业紧密联系。整个物质世界似乎与人类身体之间有某种奇妙的联系。达·芬奇还曾经将人类的动脉与树枝、河流之间紧密联系在一起。达·芬奇研究水流涡漩与空气涡漩之间的类比关系，这也成为他研究鸟类飞行的研究起点，他在这些奇妙的类比关系中，感受大自然的和谐统一关系。

▶图4-10 选自达·芬奇手稿

4.5 飞鸟与飞行

"天空没有鸟的痕迹，但是我已经飞过，我还留下了飞行器和我的理论王国。"

早在达·芬奇还是一个小孩子的时候，他在芬奇小镇，就时常仰望天空，仔细观察天空中的那些飞鸟。当时的达·芬奇在心中聚集了无数的疑问，他也将这些疑问记录到那个笔记本上：

飞鸟到底是凭借着什么飞起来的？是因为它们有翅膀吗？
鸟的翅膀上下扇动的速度是一样的吗？
鸟的降落动作是怎样的？
……

对于年幼的达·芬奇来说，这些问题都难以找到答案，但是还好，这些被记录下来的问题，他有一生的时间去解答。

15 世纪 60 年代，达·芬奇来到了佛罗伦萨，开始跟随着影响他一生的韦罗基奥学习，工作。在韦罗基奥的工坊中，达·芬奇开始参与庆典演出的工作，他目睹了一些神奇的机械装置，这些机械装置带着演员们升降，甚至可以停留在空中。

这简直是太神奇了！达·芬奇打开了机械工程的大门。从这扇敞开的大门中，达·芬奇窥见了飞行器的一角。

1482 年，达·芬奇动身前往米兰前，依然尽职尽责地画下了演出用到的机械装置。在这一系列的草图中，达·芬奇画出了像是蝙蝠一样的翅膀装置，虽然这个设备仍然是为了演出需要，但是他在这个设备旁边标注了"这就是鸟的降落方式"。可见，这就是达·芬奇对于飞行装置的一次尝试。

1490 年，当达·芬奇在米兰宫廷周旋时，他开始了长达 20 年的对于鸟类飞行的研究，并且尝试设计飞行器。

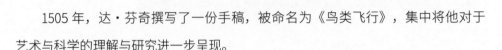

　　1505 年，达·芬奇撰写了一份手稿，被命名为《鸟类飞行》，集中将他对于艺术与科学的理解与研究进一步呈现。

　　达·芬奇始终好奇风对于飞行的影响，他认为想要知道鸟是怎么飞行的，就要先搞明白风的原理。达·芬奇曾经试图利用水流的科学，进而解释风的科学，他在这条路上走了很远，甚至尝试推翻亚里士多德的理论。但是当达·芬奇意识到鸟在下压翅膀时，风是可以被压缩的，但是水却不能被压缩后，达·芬奇缓缓止住了向这个方向研究的步伐。

　　且慢，你以为达·芬奇碰到硬石头了？这位凡尔赛大师正准备登上物理的舞台。

　　达·芬奇注意到了鸟与空气之间的关系是相互的，鸟会拍打翅膀，扇动空气，同样的，空气的压力也会对鸟的飞行产生影响。这一点，牛顿第三定律进行了详细的阐述，达·芬奇只比牛顿早 150 多年罢了。伴随于此，达·芬奇发现了相对性原理，这也没什么，达·芬奇只比伽利略早 100 多年罢了。达·芬奇还相当有预见性地发现：鸟之所以能停留在空中，不仅是因为鸟翅膀扇动挤压了空气，还是因为鸟向前飞行时，流经弧面的空气压力减少了（如图 4-11 所示）。这也算不上什么，达·芬奇只比伯努利早 200 多年罢了。

　　翻开那本《鸟类飞行》，我们除了能看到达·芬奇写的鸟类飞行的知识，比如鸟应该如何在飞行中保持平衡、移动、掌握方向、俯冲和上升等知识，更能够感受到达·芬奇作为一名艺术家的感性，他采用了镜像的书写方式，通篇按照从右向左的顺序书写，甚至每个字母都是反着写的。

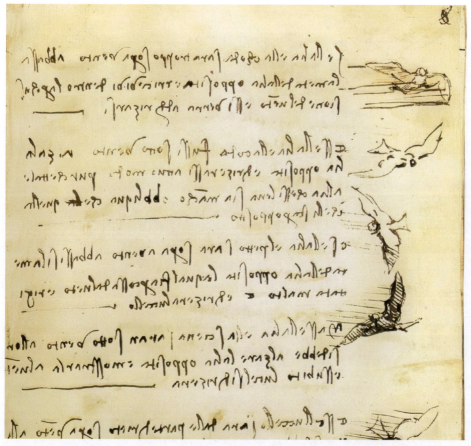

▶图 4-11 鸟类飞行 手稿 15.3cm x 21.3cm 1505—1506 年 达·芬奇 意大利都灵 都灵皇家图书馆

　　当然，达·芬奇的飞行梦没有只停留在理论阶段。早在他还是个青年的时候，就曾经在佛罗伦萨的一个小山丘，进行过飞行器的试飞。虽然这一次的飞行是失败的，但是这却是达·芬奇进行飞行器实践的起点。后来，他还设计了垂直飞行机（如图 4-12 所示）。

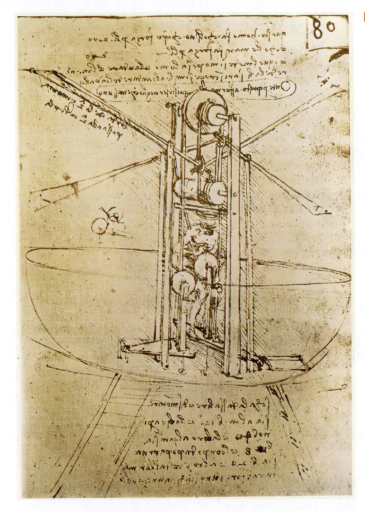

▶ 图 4-12 垂直飞行机
手稿 16.5cm x 13.2cm
1487—1490 年
达·芬奇
法国巴黎
法兰西学院

　　除了这个长得像是健身房器械一般的飞行器，达·芬奇还曾经设计过像是蝙蝠一般的飞行器，他甚至想到在翅膀上添加皮瓣，以减少风的阻力。当然，达·芬奇做得最多的还是制作像鸟一样的扑翼飞行装置。达·芬奇为了他的飞行试验，不断寻找飞行试验的场所：他曾经在高高的屋顶上进行飞行尝试，还试图穿着救生设备在水上测验飞行器。当然，彼时距离人类飞行器首飞成功大约还有 500 年。

哲罗姆 油画 103cm×107cm 1480年 达·芬奇 梵蒂冈城国 梵蒂冈艺术博物馆

4.6 城市水系：建设"理想城"

"理想城市是水上威尼斯。"

1517 年 10 月，达·芬奇接待了一位尊贵的访客，也就是德·贝提斯。在这次见面后，德·贝提斯谈及见到达·芬奇之后的种种情形时，留存下了关于达·芬奇的一些描述。

在德·贝提斯的描述中，可以清晰地知晓，此刻的达·芬奇已经是一个暮气沉沉的老年人，他的健康状况堪忧，这可能也是现存的那些达·芬奇画像看起来很苍老的原因。更加令人忧心的是，达·芬奇此刻已经出现了中风的状况，他的右手已经陷入了麻痹状态，也就是说，达·芬奇已经难以拿起画笔了。这也是达·芬奇晚年绘画作品稀少的重要原因（如图 4-13 所示）。

当然，即便是达·芬奇晚年已经难以拿起画笔，他也始终没有停下追逐艺术和科学的脚步。这位尊贵访客的前来，也将一个重要的消息传递给达·芬奇。或许，过段时间法国的国王将要让达·芬奇接下一个新的任务：建设一座属于达·芬奇的理想城。

▶图 4-13　选自达·芬奇手稿

达·芬奇听说这个消息之后，便一直处于兴奋的状态中，即便他的身体状态已经非常不好了，但是面对自己的理想，他仍然有极大的热情。终于，法国国王召见了这位艺术巨匠，并郑重地将这个重大任务托付给达·芬奇：达·芬奇需要驱车前往法国中部的罗莫朗坦村，他可以在那设计一座新的城镇。这样，达·芬奇在建筑、水利工程方面的抱负，终于可以一次性实现。

年轻的达·芬奇，在那封自荐信中，就曾经将自己应该如何规划一个城市建筑的内容悉数写下。当然了，我们知道那次尝试的结果，达·芬奇凭借自荐拿到了一份演出制作人的工作。

现在，达·芬奇已经不是当初的那个意气风发的青年了，他即将要设计的城市不再是一个需要面对敌军挑战的城池，当初在设计城市建筑时那些军事功能部分可以尽数砍去。

于是，达·芬奇设计的城市建筑正式上线，我们来一起看看达·芬奇的建筑设计理念是怎样的吧！

首先，达·芬奇设计的宫殿建筑群是以田园风情为核心的（如图4-14所示）。达·芬奇定好总的设计理念后，便开始带着学生梅尔奇一点点丈量城市规模，随后达·芬奇交出了他的设计方案。

▶图4-14 选自达·芬奇手稿

达·芬奇曾经提出，可以以一座三层宫殿为城市的中心，宫殿是朝向河道方向的。他也曾构思过以两座城堡相邻而立为中心的设计方案。达·芬奇打算让国王的母亲住进其中一座宫殿中，河水可以

▶美丽的费罗涅尔　油画　63cm×45cm　约1490年　达·芬奇　法国巴黎　卢浮宫

从这两座宫殿中间穿行而过。

总之，不管是哪种设计方案，达·芬奇都坚持将他的水利梦想融入城市建设之中。达·芬奇既将城市中的水利设施视为装饰的一部分，也将水利设施作为满足城市实用需求的必要构成部分。

后来，达·芬奇感觉自己的想法还远远不够，于是，他又提出了新的规划方案。

他打算在这座城市修建一个新的运河系统，这个运河系统可以直接和附近的河流紧紧相连，水源可以为城市提供必要的水资源，用于生活生产。同时，运河系统配备沼泽排水工程，以打造完美的水上城市（如图 4-15 所示）。

1519 年，达·芬奇梦想终止的年份到来，梦想在这一年宣告破碎。法国的国王决定换一个城市建造新的城堡，他选择了尚博尔地区，这个相对干燥的地区无须修建那么多的运河。与达·芬奇的建筑梦想一同终止的，还有达·芬奇的生命，他闭上了双眼，不必再纠结是不是需要重新设计一条运河了。

▶图 4-15 选自达·芬奇手稿

或许，达·芬奇一生的理想就是设计出另一座威尼斯吧！

见此图标🔲微信扫码 ━ 开启一场穿越时空的艺术与科技对话

▶圣母子与圣安妮 油画 130cm x 168cm 约 1510—1513 年 达·芬奇 法国巴黎 卢浮宫

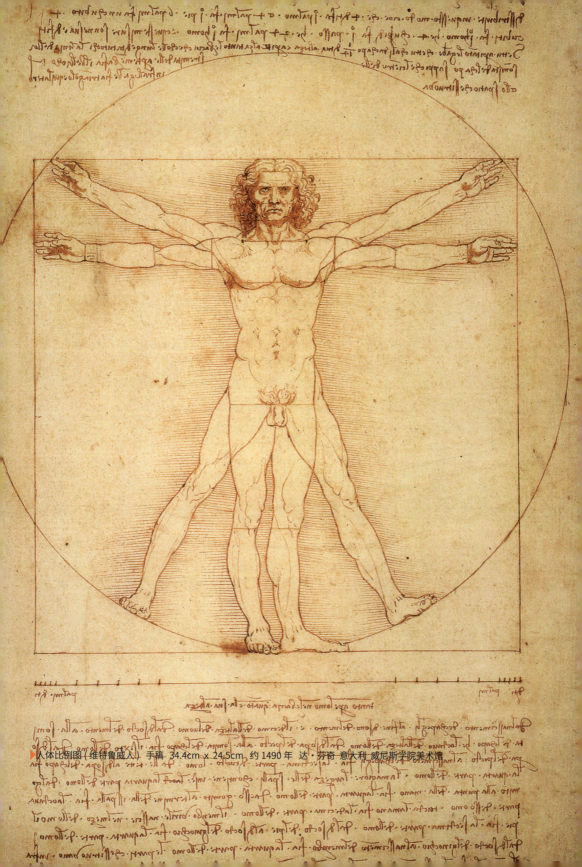

人体比例图（维特鲁威人）手稿 34.4cm x 24.5cm 约 1490 年 达·芬奇 意大利_威尼斯学院美术馆